Prix 2.50 avec 2 Cartes

PUBLICATION DE LA RÉUNION DES OFFICIERS

RÈGLEMENT

DU 4 JUILLET 1872

POUR

L'INSTRUCTION TACTIQUE

DES

TROUPES DE CAVALERIE ITALIENNE

Traduit de l'italien

PAR MM.

DUROSTU ET **VOLLOT**

CHEF D'ESCADRON D'ÉTAT-MAJOR   CAPITAINE DU GÉNIE

Avec deux cartes françaises pour les applications du service de reconnaissance avancée
à un terrain des environs de Paris.

———

PARIS

LIBRAIRIE MILITAIRE DE J. DUMAINE
LIBRAIRE-ÉDITEUR
Rue et Passage Dauphine, 30

—

1873

157

RÈGLEMENT

POUR

L'INSTRUCTION TACTIQUE

DES

TROUPES DE CAVALERIE

Impr. de J. DUMAINE, rue Christine, 2.

PUBLICATION DE LA RÉUNION DES OFFICIERS

RÈGLEMENT

DU 4 JUILLET 1872

POUR

L'INSTRUCTION TACTIQUE

DES

TROUPES DE CAVALERIE ITALIENNE

Traduit de l'italien

PAR MM.

DUROSTU   ET   **VOLLOT**

CHEF D'ESCADRON D'ÉTAT-MAJOR   CAPITAINE DU GÉNIE

Avec deux cartes françaises pour les applications du service de reconnaissance avancée
à un terrain des environs de Paris.

PARIS

LIBRAIRIE MILITAIRE DE J. DUMAINE

LIBRAIRE-ÉDITEUR

Rue et Passage Dauphine, 30

1873

AVANT-PROPOS

La Réunion des officiers, en offrant à l'armée la traduction de l'*Instruction* récemment publiée (1) par le ministère de la guerre italien, intitulée « Règlement pour l'instruction *tactique* des troupes de cavalerie », a pour but d'appeler une fois de plus l'attention des officiers sur les progrès des armées voisines, tout en les aidant, au moyen d'un manuel simple, à entrer dans la voie essentiellement pratique recommandée pour l'instruction par plusieurs circulaires ministérielles, depuis quelques années, notamment par les circulaires du 24 septembre 1868 et des 4 septembre et 20 novembre 1871, dont la première transmettait les observations sur le service de la cavalerie en campagne.

Du reste, comme on retrouve ici les préceptes de notre service en campagne et de l'instruction sur les combats et les doctrines de nos maîtres Duhesme, Bugeaud et de Brack, très-connus à l'étranger, en publiant cette traduction, nous ne faisons que reprendre notre bien, là où nous le trouvons. Toutefois, il faut reconnaître que, pour les modifications imposées à la tactique *de la petite guerre* par les nouvelles armes, l'auteur s'est heureusement inspiré des règlements prussiens, de la Tactique de Hoeffer et de la Tactique d'après 1866, par un Com-

(1) 4 juillet 1872.

mandant de compagnie, ainsi que de l'ouvrage plus ré-
cent du colonel Verdy du Vernois.

Ce règlement, ou plutôt cette *instruction*, car l'auteur,
s'élevant contre la manie de tout théoriser (*teorizzare*),
l'appelle ainsi, parce qu'on ne peut pas *réglementer* tout
ce qu'il y a à faire à la guerre, présente, sous une forme
simple d'ailleurs, un cours élémentaire d'art militaire
vraiment pratique pour le soldat et les officiers subalternes, formant un corps complet de doctrine, qui peut
être utile pour initier même les chefs à la grande tactique. Dans les grandes divisions, ce traité se recommande
par l'esprit de méthode germanique heureusement al-
lié, pour les détails, à cette ingéniosité italienne qui
excelle à présenter les petites choses, sans les embrouil-
ler et les noyer à la façon d'outre-Rhin.

On retrouve dans ces pages cette préparation des
troupes *en vue de la guerre*, si justement signalée par le
colonel Stoffel comme une des supériorités de l'armée
prussienne. Tout ici a pour but la conclusion pratique,
l'application au terrain de guerre et à toutes les circonstances de la vie de campagne, de ce qui a été
appris sur les champs de manœuvre et de tir ou dans
les chambres des casernes; car la théorie, *a b c* du mé-
tier, n'a de valeur qu'autant qu'elle conduit sûrement à
la pratique du réel. Il est indispensable de la posséder
à fond, mais non à l'exclusion de l'esprit de la doctrine
tué par la lettre; et, s'il est bon de l'avoir dans sa po-
che, c'est à condition qu'elle n'y prenne pas la place de
de Brack et des traités de ce genre.

En fait d'application pratique, ce règlement va aussi
loin que possible, et entre lui et la guerre, on ne peut

guère concevoir que ces manœuvres, avec les armes réellement chargées, imaginées par cet autocrate qui, pour accoutumer aux émotions du feu ses troupes composées de races différentes, les faisait guerroyer les unes contre les autres.

Cette instruction est spécialement à l'adresse des soldats et des sous-officiers ; elle procède du simple au composé, précisant soigneusement le rôle de chacun, ce que ne fait peut-être pas suffisamment notre Service en campagne, et cela tantôt par des préceptes, tantôt par des exemples, quand la multiplicité des incidents possibles dans certains cas ne laisse pas de place à une règle absolue : après l'avoir lue, on est tout heureux de concevoir, jusqu'à l'évidence, cette possibilité des exercices pratiques trop contestée par la paresse, l'ignorance et la légèreté, de ces exercices pratiques qui seuls peuvent développer l'initiative du chef et le coup d'œil, l'aptitude de tous, et qui deviennent d'autant plus nécessaires que nos nouvelles lois de recrutement verseront dans nos rangs, en cas de mobilisation, un plus grand nombre d'hommes n'ayant pas fait campagne.

Enfin les exercices préconisés par cette instruction établissent entre l'officier et le soldat des rapports tels que peut en créer la vie de campagne, rapports qui aident beaucoup à l'éducation morale des hommes : en effet l'attitude compassée du champ de manœuvre peut être un peu oubliée ici ; l'officier a des explications à donner particulières à chacun et à chaque situation ; il trouvera l'occasion fréquente *de causer* avec le soldat, de placer un bon conseil, de juger ses aptitudes, pendant que lui-même, s'il est ce qu'il doit être, donnera à ses inférieurs la mesure exacte de sa valeur et leur inspirera cette confiance qui le fera suivre partout.

Avant d'arriver aux pages de l'auteur, nous ne pouvons nous empêcher de signaler : 1° le chapitre du service de sûreté qui, entre autres choses excellentes, fixe les distances où doivent être placés les petits postes et grand'gardes renforcées d'une *réserve d'avant-postes*, de telle sorte que l'on puisse cuisiner et reposer au bivouac hors de la portée actuelle des obus ; 2° le chapitre du service de *reconnaissance au loin* qui précise les moyens à employer pour chercher l'ennemi très en avant du gros de l'infanterie, et maintenir le contact avec lui, quand une fois on l'a rencontré, de manière à reconnaître sa force, sa position, ses mouvements, tout en dissimulant les nôtres, et cela assez au loin pour que la troupe, ainsi couverte et éclairée, ait tout le temps et toute la liberté nécessaires pour manœuvrer, se concentrer et prendre position, ou se retirer. Ce chapitre ne fait d'ailleurs que renouveler les traditions de cette cavalerie du premier Empire qui, le plus souvent, opérait seule à plusieurs journées de marche en avant du gros de l'armée, dont elle reliait les différents corps ; mais ici, une fois de plus, ce précepte est érigé en une règle générale absolue ; 3° le chapitre sur les exercices pratiques de combat qui, malgré les difficultés que ces exercices semblent devoir présenter pour une arme dont l'action directe sur le champ de bataille n'est que momentanée, précise bien néanmoins son rôle et celui de son chef, laissant exclusivement à ce dernier le choix des formations de sa troupe et celui surtout du moment de la faire charger, même quand la cavalerie n'a près des autres armes qu'un rôle auxiliaire, qui place son commandant en sous-ordre.

UN OFFICIER D'ÉTAT-MAJOR,
Collaborateur pour la traduction.

SOMMAIRE

NOTE PRÉLIMINAIRE

§ 1er. — Objet de la présente instruction.

Le but de *l'enseignement tactique* est de rendre les troupes aptes à faire la guerre, c'est-à-dire :

A marcher avec ordre et rapidité, à résister à des marches longues et répétées ;

A se garder des surprises de l'ennemi dans les marches, dans les haltes et dans les combats; et à savoir observer ses mouvements et ses dispositions ;

A employer ses armes avec adresse et à propos ;

A exécuter avec ordre, calme et agilité les évolutions nécessaires ;

A établir et à lever un camp ;

A combattre en tirant le plus grand avantage possible du terrain, de ses propres armes, des dispositions et des mouvements de l'adversaire, c'est-à-dire *à combattre avec habileté*.

Cette *Instruction* est divisée en sept parties qui forment une répartition méthodique de l'enseignement tactique des troupes :

1° École d'orientation ;

2° Instruction sur le service de sûreté des troupes en campagne;

3° Exercices de marche ;

4° Exercices concernant le service de reconnaissance avancée(1);

(1) Le texte italien emploie ici un mot nouveau, *avanscoperta*, en faisant remarquer par une note, qu'en effet, un mot nouveau est néces-

5° Exercices et évolutions réglementaires, leur application au terrain varié ;

6° Exercices de castramétation ;

7° Exercices de combat.

Déjà, dans les *Règles et prescriptions générales pour l'enseignement tactique des troupes* du 15 avril 1871, on avait montré combien il est essentiel d'apprendre au soldat à rester toujours orienté, soit pour qu'il ne lui arrive pas facilement de se tromper de route, soit pour qu'il sache donner avec une précision suffisante les informations recueillies sur les lieux et sur les directions. Mais ici on a cru utile de préciser, au moyen de l'école d'orientation, la manière de donner cette pratique au soldat.

Relativement *au service de sûreté des troupes en campagne*, les *Règles* se reportaient à l'*Instruction du 1er avril* 1871, laquelle, en ce qui concerne les avant-postes, n'était que la reproduction d'une autre *Instruction* du 28 juin 1868.

Aujourd'hui que l'on a reconnu l'utilité d'apporter quelques modifications au système suivi jusqu'ici pour les avant-postes, on a renouvelé complétement le texte, et on l'a intercalé dans cette *Instruction*.

Il y a deux modifications essentielles : le rétablissement du

saire pour bien indiquer ce service particulier d'exploration en avant du front des armées, qui est devenu aujourd'hui un des principaux rôles tactiques de la cavalerie.

Nous ajouterons, en outre, que cette reconnaissance se distingue des trois espèces de reconnaissances de notre service en campagne. En effet, elle tient de la reconnaissance journalière, en ce qu'elle commence *pour se continuer* dès que les armées se rapprochent, mais pour être poussée, par une force plus nombreuse, beaucoup plus loin que celle-ci, — et de la reconnaissance spéciale, puisqu'elle a pour but de reconnaître la position, les forces et les projets de l'ennemi ; mais elle diffère essentiellement de nos reconnaissances réglementaires en ce que, le contact une fois établi, elle le maintient et devient ainsi un moyen *persistant* d'informations sur les mouvements de l'ennemi, et un rideau masquant ceux du corps qu'elle couvre.

mot d'ordre pour se reconnaître et le service d'observation confié directement aux petits postes et non plus aux sentinelles isolées.

L'*Instruction* du 28 juin 1868 supprimait l'emploi du mot d'ordre en campagne; certainement cette disposition faisait disparaître beaucoup de formalités et de complications dans le service de guerre; néanmoins on a dû constater que si, dans la plupart des cas, la reconnaissance pouvait se faire à la vue ou au moyen de questions, il arrive, parfois, que cette manière d'opérer ne suffit pas et qu'elle peut amener des pertes de temps et des équivoques. Aussi a-t-on rétabli le mot en limitant d'ailleurs son usage aux cas d'absolue nécessité et seulement pour la reconnaissance des détachements et des postes armés.

L'autre modification, et c'est la principale, a été dictée par le désir d'obtenir deux grands avantages : mieux assurer le service d'observation, diminution des hommes employés à ce même service.

Il est reconnu, en effet, que l'homme isolé en sentinelle en face de l'ennemi, quelque aguerri qu'il soit, peut facilement se troubler; de là, le grand nombre de sentinelles doubles, leur rapprochement et par suite l'emploi de plus de sentinelles que n'en exige le besoin d'observer. Si, au contraire, suivant le mode aujourd'hui adopté, chaque poste d'observation se compose de 4 ou 5 hommes, y compris son chef, on pourra espacer les postes autant que le comportent la nature du terrain et la continuité de la ligne d'observation à former. Chaque petit poste aura en vedette un homme (ou bien deux suivant le temps et le lieu); mais ce dernier se sentira très rassuré par la présence de ces camarades cachés à côté de lui et pouvant à chaque instant venir à son secours. De la sorte, si, avec le système des sentinelles avancées, pour garder une ligne de 1300 mètres, par exemple, i. fallait 9 sentinelles et par suite trois postes et 30 hommes au moins, avec le système nouveau il suffira de 4 petits postes et au plus de 16 soldats ; c'est-à-dire de presque moitié moins d'hommes.

Quant aux exercices de marche, aux exercices et évolutions réglementaires appliqués au terrain varié, et aux exercices de castramétation, la présente *Instruction* ne fait que répéter à peu près ce qui a été dit dans les *Règles* et *Prescriptions* précitées.

Pour la cavalerie on a ajouté une partie spéciale, les *Exercices concernant le service de reconnaissance* dont on recommande la fréquente répétition, attendu que ce service constitue un des rôles tactiques les plus importants des troupes à cheval.

Cette *Instruction* offre plutôt le caractère d'un guide directeur pour l'enseignement tactique de la troupe que le caractère absolu d'un règlement ; elle doit cependant être suivie quant à la méthode et à la progression de l'instruction, et être observée dans ces principes obligatoires qu'on reconnaît facilement comme tels, d'après le texte et la nature même de leur objet, comme, par exemple : le nombre de marches à faire, leur longueur progressive, les règles données aux chapitres 1, 2, 3 et 4 de l'*Instruction pour le service de sûreté des troupes en campagne*, et celles des juges du camp dans les exercices de combat, etc.

§ 2. — Progression à observer.

Pour chaque espèce d'exercices la progression à suivre dans l'enseignement est indiquée à la partie de l'*Instruction* qui en traite.

Quant à l'ordre pour faire suivre ou alterner les différentes espèces d'exercices que peut faire chaque corps, les commandants de régiments sont libres de le régler comme ils le jugent le plus convenable ; ils doivent se rappeler cependant qu'au 1er août de chaque année, l'enseignement tactique du 1er et du 2e degré doit être terminé.

Aux mois d'août, septembre et octobre, les exercices de tactique combinée, c'est-à-dire ceux des corps de troupes composés des différentes armes, auront lieu par les soins des généraux commandant les divisions et sous la haute direction des commandants de corps d'armée. Ceci pourtant n'empêche pas que es généraux ne puissent ordonner des exercices de marche ou bien de manœuvre, à un régiment, à une brigade, à une division, pendant les autres mois de l'année.

Les exercices tactiques sont en général dits :

(a) *Du 1er degré* pour les fractions inférieures à l'escadron;

(b) *Du 2e degré* pour l'escadron et le demi-régiment ;

(c) *Du 3e degré* pour 4 escadrons ou plus de cavalerie seule ou avec la combinaison des différentes armes ;

(d) *Grandes manœuvres,* pour plusieurs divisions constituées.

§ 3. — Définition de quelques expressions particulières employées dans cette Instruction.

Dans les exercices et les évolutions appliqués au terrain, dans les exercices pour le service de sûreté des troupes en campagne et dans ceux de combat, la manœuvre est *obligatoire, demi-libre, ou libre.*

Quel que soit l'exercice de guerre, comme on le dira plus loin, le thème détermine la situation dans laquelle on suppose les deux partis opposés; il indique l'opération à faire et le but à atteindre; il fournit les données de lieu, de temps et de force afin de définir clairement l'opération même; la *manœuvre est obligatoire,* quand le thème fixe à l'avance, à la fois le résultat, et en partie le mode et la suite des opérations ; la *manœuvre est demi-libre,* quand il fixe seulement ou le résultat ou en partie le mode et la suite des opérations ; la manœuvre est *libre,* quand le mode, la suite et le résultat des opérations sont entièrement abandonnés à la volonté des deux partis opposés et aux éventualités.

Comme il est facile de le comprendre, la manœuvre libre est la véritable manœuvre de guerre ; les deux autres ne sont qu'une gradation didactique qui conduit à la première.

Il est d'une bonne méthode de faire commencer par une manœuvre obligatoire, les exercices sur un sujet tactique donné, et de les répéter dans une manœuvre d'abord demi-libre et enfin libre.

Même dans la manœuvre obligatoire, *le chef qui commande* (1) a une entière liberté d'action quant aux dispositions, aux détails des mouvements et aux opérations de la manœuvre.

La manœuvre demi-libre sert à mettre en action graduellement et d'une manière déterminée l'intelligence et l'initiative des chefs ; ces facultés trouvent leur entier développement dans la manœuvre libre.

Pour bien faire comprendre ces distinctions, voici trois exemples :

1° *Manœuvre obligatoire.*

THÈME POUR UN PARTI :

(*a*) *Donnée.* — La division a été battue à (*lieu*), et se retire sur (*lieu*), poursuivie par une division ennemie.

Le régiment (*tel*) est d'arrière-garde avec *telle* batterie. — A *tel* village, le gros de la division devra faire une halte de trois heures et se reposer; et, par suite, l'arrière-garde devra pendant ce temps faire tête à l'ennemi.

(*b*) *Objet.* — A cet effet l'arrière-garde disputera le passage du pont M.

(*e*) *Prescriptions.* — L'arrière-garde attendra l'ennemi au passage du pont. *Elle n'aura pas à craindre que l'ennemi passe ailleurs que sur le pont. Elle sera attaquée par l'avant-garde ennemie. Elle réussira à repousser l'attaque sans qu'elle*

---

(1) C'est-à-dire *le chef qui commande* un des partis opposés; qu'il ne faut pas confondre avec celui qui *dirige* l'exercice, c'est-à-dire avec celui qui surveille les deux partis.

puisse passer à l'offensive (1). Après le temps fixé, elle reprendra sa marche en retraite.

THÈME POUR L'AUTRE PARTI :

(*a*) *Donnée.* — La division poursuit une division ennemie, qui a été battue et se retire sur (*lieu*). *Tel* régiment et *telle* batterie sont d'avant-garde.

(*b*) *Objet.* — Cette avant-garde a pour mission de suivre l'ennemi d'aussi près que possible pour gêner sa retraite.

L'arrière-garde ennemie s'étant arrêtée pour résister probablement au pont M, le chef de l'avant-garde devra l'attaquer.

(*c*) *Prescriptions.*—*En supposant que l'arrière-garde ennemie soit disposée à faire tête au pont M, l'avant-garde attaquera; mais même si le cours d'eau était guéable, elle devra passer sur le pont seulement.* — *Son attaque sera repoussée; elle ne devra pas la renouveler, mais elle devra attendre que l'ennemi se remette en retraite, et ensuite continuer la poursuite.*

2° *Manœuvre demi-libre.*

THÈME POUR UN PARTI :

(*a* et *b*) *Donnée et objet.* — Comme dans l'exemple précédent.

(*c*) *Prescriptions.* — L'arrière-garde attendra l'ennemi au passage du pont M. — Elle répondra de son mieux à l'attaque de l'adversaire. — *L'attaque sera repoussée.* — Après le temps fixé, elle reprendra sa marche en retraite.

THÈME POUR L'AUTRE PARTI :

(*a* et *b*) *Donnée et objet.* — Comme dans l'exemple précédent.

(*c*) *Prescriptions.* — *L'avant-garde rencontrera l'arrière-garde ennemie disposée pour la défense du pont M*; elle l'attaquera du côté et de la manière qui lui sembleront préférables.

(1) Les phrases en italiques *obligent* à faire les manœuvres indiquées.

2

Son attaque sera repoussée et elle devra se replier. — Quand l'ennemi se remettra en retraite, l'avant-garde continuera la poursuite.

3° *Manœuvre libre.*

THÈME POUR UN PARTI :

(*a* et *b*) *Donnée et objet.*—Comme dans le premier exemple.

(*c*) *Prescriptions.*—L'arrière-garde attendra l'ennemi au passage du pont M ; elle cherchera à lui tenir tête tout le temps prescrit.

THÈME POUR L'AUTRE PARTI :

(*a* et *b*) *Donnée et objet.*—Comme dans le premier exemple.

(*c*) *Prescriptions.* — Aucune.

Dans tout exercice de *guerre* l'ennemi doit être ou *supposé*, ou *indiqué*, ou *représenté*.

L'ennemi est *représenté*, quand dans les exercices on place en face deux partis destinés à agir l'un contre l'autre avec leur force effective.

L'ennemi est *indiqué*, quand les positions et les mouvements de l'un des deux partis sont simplement *marqués* par une ligne de postes de groupes ou de patrouilles, ou seulement par des hommes munis de drapeaux.

L'ennemi est *supposé*, lorsque sa position et sa direction ne sont pas données, et que l'un des partis n'est ni représenté ni indiqué, mais seulement désigné d'une manière imaginaire par celui qui dirige l'exercice pour fixer les idées de celui qui exécute.

Dans les exercices de combat avec manœuvre libre, l'ennemi doit être représenté, sinon il n'est pas possible que l'action prenne un air de réalité, ni qu'elle ait le développement libre et complet qu'elle doit avoir.

Dans les exercices sur le service d'avant-postes et de patrouilles, et dans quelques exercices de combat avec manœuvre obligatoire ou manœuvre demi-libre, il peut suffire que l'ennemi soit indiqué.

Dans les exercices de marche, dans les exercices et évolutions réglementaires appliqués au terrain, dans la disposition des avant-postes, l'ennemi peut n'être que supposé.

Pour la clarté du langage, qui est de la plus grande importance dans les dispositions militaires, et qui est indispensable pour qu'il n'y ait ni doute ni équivoque, il est essentiel de bien fixer la signification des mots *commandement,* et *ordre,* qui dans l'usage sont ordinairement synonymes.

L'ordre désigne la chose à faire, et quelquefois les moyens pour la faire et leur succession ; il laisse toujours une certaine latitude dans l'exécution.

Le *commandement,* au contraire, est une prescription qui impose une obligation stricte, qui précise le mode et les moyens d'exécution d'un acte, se passant sous la direction immédiate, sous les yeux de *celui qui l'a commandé.*

L'exécution d'un ordre implique donc la responsabilité morale et matérielle de celui qui le reçoit, tandis que l'exécution d'un commandement entraîne pour ce dernier la seule responsabilité matérielle, la responsabilité morale restant à celui qui l'a donné.

§ 4. — Prescriptions pour prévenir le désordre, les dommages et les accidents.

Les troupes des deux partis opposés ne doivent jamais se rapprocher à une distance moindre de 100 mètres.

En aucun cas, il n'est permis de faire des prisonniers de guerre. Les hommes isolés et les détachements qui, dans le cours de la manœuvre, se trouveraient dans des conditions où ils pourraient être considérés comme prisonniers de guerre, pourront toujours se retirer du terrain de combat librement et sans être inquiétés.

Il faut éviter de causer des dommages aux propriétés privées ; il est, par suite, défendu de faire feu soit dans le voisinage des maisons ou des objets auxquels on pourrait mettre le feu, soit dans les rues des lieux habités, soit trop près des maisons et d'endommager les cultures, les arbres, ni quoi que ce soit.

Les troupes qui, dans la guerre véritable, devraient occuper les maisons ou d'autres lieux habités, s'établiront à leur proximité et seront considérées comme étant à l'intérieur, à moins que les propriétaires n'en permettent l'occupation et qu'il n'y ait aucun risque de dommage.

Quand les troupes traversent les champs dont la récolte est déjà faite en grande partie, les officiers auront soin d'empêcher les dommages qui seraient encore possibles.

Tout dommage fait à une propriété privée ou publique, et qui ne sera pas pleinement justifié par des nécessités de service ou de force majeure, sera mis à la charge de celui qui l'a causé ou qui devant et pouvant l'empêcher ne l'a pas fait; et quand le coupable ne pourra être reconnu, le détachement entier, auquel il appartient, sera responsable.

On ne doit traverser les voies ferrées qu'aux passages, et avec les précautions nécessaires.

Les deux partis opposés doivent pouvoir facilement, à la vue, se reconnaître comme adversaires; il est donc nécessaire qu'une partie apparente de la tenue soit différente.

§ 5. — Tenue d'exercice.

Dans les exercices de marche, de reconnaissance, et de combat, ceux du premier degré exceptés, la troupe doit être en tenue de marche; les officiers, à moins qu'ils n'y assistent en spectateurs, ont l'écharpe (1).

§ 6. — Cartouches pour les feux à blanc.

Les exercices avec un ennemi supposé ne se font jamais à feu.

---

(1) L'écharpe est l'indice de service dans l'armée italienne.

(*Note des traducteurs.*)

Dans les exercices avec un ennemi indiqué, les avant-postes et les éclaireurs seuls font feu pour signaler la présence de l'ennemi dans les cas et d'après les moyens prescrits par la présente *Instruction*.

Les exercices de combat avec un ennemi représenté sont toujours à feu.

Pour les exercices de combat, au moment du départ, chaque cavalier porteur d'arme à feu reçoit quelques cartouches à blanc.

Dès qu'on est rentré dans les casernes, les armes chargées sont déchargées avec soin, pour ne pas détériorer les cartouches ; celles qu'on n'a pas consommées sont retirées, pour être utilisées dans les exercices suivants.

§ 7. — Signaux au moyen de sonneries.

Une sonnerie précédée des quatre premières mesures de la fanfare royale est un *signal général* auquel obéissent les troupes des deux partis.

Celui qui dirige l'exercice peut seul donner des signaux généraux. En cas d'absolue nécessité seulement, pour empêcher des confusions graves, des désordres, les juges du camp peuvent faire donner des signaux généraux.

Le signal général donné par un clairon quelconque doit être immédiatement répété par tous les clairons des troupes des deux partis.

La sonnerie de *halte* précédée des 4 premières mesures de la fanfare royale est le signal d'*interruption*, et à ce signal, toutes les troupes s'arrêtent dans la position où elles se trouvent et se mettent *au repos*.

Le commandant supérieur emploie ce signal, quand il veut faire reposer les troupes ou suspendre le combat pour rectifier des erreurs de manœuvre.

La sonnerie *en avant* précédée des 4 mesures indiquées est le signal de la *reprise* ; il indique aux troupes qu'elles doivent recommencer le combat suspendu par le signal d'interruption.

La sonnerie de l'*assemblée* précédée des 4 mesures indique la fin de l'exercice.

Dans les exercices du 1er degré et du 2e degré, il est nécessaire que celui qui dirige l'exercice fasse donner fréquemment le signal d'interruption, pour habituer les troupes à suspendre l'action dans quelque situation qu'elles se trouvent et sur-le-champ. Si la troupe ne s'habitue pas à obéir immédiatement à ce signal, dans les exercices du 3e degré et du 4e degré et dans les grandes manœuvres, il deviendra difficile et presque impossible d'interrompre le combat pour corriger les erreurs et rétablir l'ordre; et si l'on n'a pas la possibilité et la facilité de le faire, de semblables exercices n'atteignent pas leur but. Cette prescription est répétée dans le cours de la présente *Instruction*, précisément parce qu'il est nécessaire d'insister sur son observation.

§ 8. — Spectateurs.

Quand il reste dans les rangs des officiers sans fonctions, ils doivent assister à l'exercice comme *spectateurs*; pour leur instruction, ils observent tout avec attention; mais ils s'abstiennent absolument de donner des renseignements, de suggérer aucune idée à l'un ou l'autre parti, et de prendre la moindre part à l'exercice.

Dans les exercices élémentaires, la portion de troupe qui n'agit pas et reste spectatrice doit prêter son attention à tout ce que fait l'autre et en profiter pour s'instruire. A cet effet, un officier est désigné pour lui faire observer l'ordre et le silence, et pour lui expliquer les incidents de l'exercice.

C'est une excellente méthode que de contraindre le soldat à se servir de son intelligence en se rappelant et en réfléchissant, et de l'amener à trouver de lui-même ce qu'il est nécessaire qu'il sache faire; et on obtient ce résultat en l'amenant par des questions à faire une judicieuse critique des actes individuels, qu'il voit s'accomplir sous ses yeux, quand il est spectateur.

§ 9. — Recommandations.

L'enseignement tactique de la troupe a, pour la cavalerie, la même importance que pour l'infanterie, et peut-être une plus grande par la nature même de son emploi et parce que l'individualité y est plus souvent en action que dans toute autre arme. Aussi est-il nécessaire de donner le plus grand soin à cet enseignement en cherchant spécialement par la variété des exercices à éveiller l'intelligence du soldat et l'initiative des officiers.

Pour obtenir un résultat, il faut qu'il soit pris à cœur par tous, et qu'il soit dirigé avec un grand sens pratique.

Les exercices doivent amener au but sans perte de temps ; pour cela il faut qu'ils soient sagement coordonnés entre eux, qu'ils emploient des moyens et des procédés spéciaux, mais bien définis, homogènes et concordants ; il faut que, grâce à une série bien combinée d'exercices qui donnent la plus fidèle image de ce qui se fait et de ce qui se passe à la guerre, en commençant par l'instruction individuelle et continuant graduellement jusqu'à celle des unités plus grandes, les officiers et les soldats passent par toutes les situations où ils peuvent se trouver en guerre et apprennent à s'y conduire. Les premiers spécialement doivent non-seulement apprendre à ne pas se troubler et perdre la tête dans les cas subits et inattendus si fréquents à la guerre, mais ils doivent acquérir cette sûreté et cette rapidité de coup d'œil, cette netteté et cette promptitude de décision, et cette énergie de commandement grâce auxquelles, en toute circonstance, on sait apprécier vite et bien la situation du moment, trouver habilement les expédients et les partis à prendre, se décider rapidement, et exécuter avec résolution et hardiesse.

Il faut apprendre à connaître et à apprécier le terrain, sans pourtant en exagérer l'importance. Dans tout plan tactique il est nécessaire de tenir compte du terrain d'exécution pour y conformer ses dispositions; et, dans l'exécution, il faut savoir mettre à profit les avantages et éviter adroitement les désavantages que présente ce terrain; mais toute la science du terrain, toute l'habileté à s'en servir, ne suffisent pas pour assurer la victoire. Pour vaincre il faut battre l'ennemi, et pour battre l'ennemi, il faut savoir profiter de ses dispositions et de ses mouvements; il faut savoir préparer, puis saisir l'instant opportun, qui est toujours très-court et qui rarement se retrouve.

ÉCOLE D'ORIENTATION

CHAPITRE PREMIER.

DÉFINITIONS.

1. L'école d'orientation a pour but d'exercer la troupe, soit à parcourir des terrains inconnus sans s'égarer, soit à donner avec précision sur les lieux, sur la direction, les informations recueillies.

2. Il s'agit donc d'une orientation non pas mathématique, mais approximative.

S'ORIENTER (1) signifie *déterminer sa propre position dans l'espace relativement aux quatre points cardinaux.*

3. L'observateur placé en A voit que la courbe décrite par le soleil dans son mouvement apparent, en rencontrant l'horizon, détermine sensiblement deux points *e*, *o*, qui indiquent l'apparition et la disparition de cet astre.

Si l'observateur imagine une ligne droite parallèle (2) à *e. o*, et passant par le point A, il voit que l'intersection de cette ligne avec l'horizon détermine dans l'espace deux points in-

---

(1) Du mot *orient*, nom donné à la partie de la surface terrestre et de l'espace céleste qui, relativement à l'observateur, est du côté où se lève le soleil, dans son mouvement apparent autour de la terre.

(2) Aux équinoxes, ces deux lignes se confondent.

variables appelés : EST (levant) le point en E où il se lève ;
OUEST (couchant) celui en O, où il se couche.

Si l'observa-
teur imagine en-
core une droite
perpendiculaire à
O E, passant par
le point A, il voit
que la rencontre
de cette ligne avec
l'horizon déter-
mine deux autres
points N, S, ap-
pelés : l'un NORD
(septentrion) ce-
lui qui se trouve à
la gauche de l'ob-
servateur tourné
vers l'orient; l'au-
tre, SUD (midi), celui qui est à sa droite.

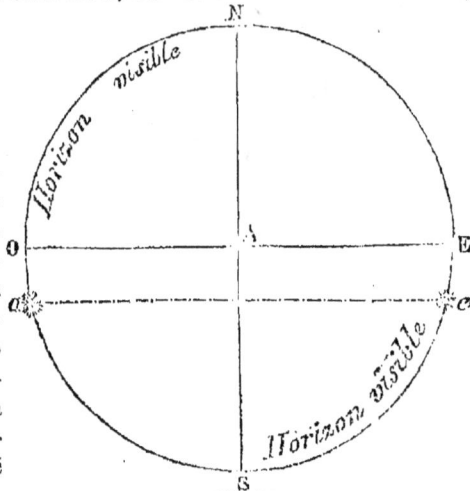

Fig. 1.

Ces quatre points prennent le nom de POINTS CARDINAUX.

4. Il est évident qu'un de ces points étant trouvé dans l'espace, tous les autres sont par cela même déterminés.

Les exercices d'orientation consistent donc à rechercher un
des quatre points cardinaux.

5. Pour résoudre ce problème, les officiers et les sous-officiers devront être exercés à se servir de la BOUSSOLE (1) de
campagne ; les officiers feront bien de se pourvoir de cet

_____

(1) On sait que la boussole est un instrument fondé sur la propriété
qu'a l'aiguille aimantée, librement suspendue, de prendre une direction
constante vers le pôle NORD. A la vérité, le *méridien magnétique* ne
coïncide pas avec le *méridien terrestre ;* il fait avec lui un angle appelé
déclinaison de l'aiguille. Néanmoins, pour les simples opérations d'orientation de campagne, on négligera cette différence, qui ne peut être cause de
graves erreurs d'observation.

instrument, qui, dans certaines circonstances de guerre, peut leur être d'une grande utilité.

6. Les brigadiers et les soldats devront, au contraire, être exercés à résoudre le problème en recourant à des méthodes fondées sur la simple observation développée par la pratique ; ces méthodes sont exposées plus loin dans les exercices.

7. Mais, si la connaissance de l'orientation aide beaucoup à ne pas quitter la direction générale du chemin à parcourir, pour se rendre à un lieu donné ou pour retourner au point de départ, elle ne peut cependant lever toutes les hésitations de l'homme qui, dans des terrains inconnus, est obligé de dévier tantôt à droite, tantôt à gauche, de la direction générale et n'a pour guider ses pas que la simple orientation.

8. Par suite, comme complément nécesssaire de cette instruction, les officiers et les sous-officiers devront être exercés à parcourir le terrain, une carte topographique à la main. On doit exiger des officiers, non-seulement qu'ils sachent couramment lire une carte, mais bien l'interpréter, c'est-à-dire reconnaître les qualités caractéristiques, physiques et militaires du terrain qu'elle représente ; ils doivent, une carte à la main, y trouver avec sûreté et promptitude le terrain qu'ils ont devant les yeux, et le point correspondant à celui où ils se trouvent. Pour les sous-officiers il suffira de leur enseigner l'usage et la lecture des cartes.

9. Pour préparer à ces exercices, il faudra quelques leçons théoriques afin de donner une idée sommaire des méthodes et des signes conventionnels employés sur les cartes géographiques ou sur les cartes topographiques pour représenter le terrain ; un point sur lequel il faudra insister d'une manière spéciale c'est que les officiers et les sous-officiers aient une idée claire des échelles et sachent rapidement mesurer les distances sur la carte.

10. Pour qui sait lire et bien interpréter une carte, il ne reste plus qu'à savoir l'orienter pour qu'elle serve à parcourir le terrain avec certitude de ne pas s'égarer.

11. ORIENTER une carte, c'est *en fixer la position par rapport aux quatre points cardinaux.*

12. Les cartes militaires ont, en général, les noms des villes, villages, bourgs, etc., écrits dans la direction OUEST-EST, et sont faites de façon à présenter au lecteur, en *haut* le NORD, *à droite* l'EST, *en bas* le SUD, *à gauche* l'OUEST.

Les cartes qui ne sont pas ainsi faites portent, indiquée dans un angle, la direction NORD-SUD.

13. Pour orienter une carte, il suffit de la mettre horizontalement et de la faire tourner jusqu'à ce que ses côtés se trouvent tournés vers les points cardinaux correspondants.

14. Le problème de l'orientation d'une carte se résout dès lors : 1° ou en cherchant un point cardinal; 2° ou en donnant à la carte une position telle que le prolongement de la direction de deux points marqués sur la carte (l'un correspondant à celui du terrain sur lequel se trouve l'observateur, et l'autre à un objet remarquable du terrain, un clocher, par exemple) aille rencontrer sur le terrain ce même clocher.

15. Les brigadiers et les soldats, au contraire, doivent être exercés à se tirer d'embarras, quand ils parcourent des terrains inconnus, en recourant à la simple observation développée par la pratique fréquente des exercices indiqués plus loin.

CHAPITRE II.

EXERCICES D'ORIENTATION.

§ 1er. — Généralités.

16. Les exercices d'orientation ont pour but de dresser la troupe (brigadiers et soldats) à rechercher les quatre points cardinaux et à parcourir des terrains inconnus sans se tromper de chemin, grâce à des méthodes d'observation simples.

17. Ils doivent être faits dehors par peloton.

18. La troupe y assiste en petite tenue, sans armes.

19 L'enseignement des services d'exploration et de sûreté suppose que la troupe a acquis la pratique de l'orientation.

Cette seule considération doit montrer à l'officier toute l'importance des exercices d'orientation.

§ 2. — Orientation par rapport aux points cardinaux.

20. L'officier conduit, un peu avant midi, son peloton sur un point élevé, d'où l'on puisse voir une assez grande étendue de terrain.

21. Il commence par expliquer, en termes simples et d'un usage familier, la signification du mot HORIZON, qui indique ce cercle du ciel limitant notre vue.

22. Ensuite, il fait tourner sa troupe vers le soleil, et lui explique comment il suffit de regarder le soleil, à cette heure environ du jour, pour avoir la direction qui, abaissée sur l'horizon, marque le point cardinal appelé SUD.

23. Il place un soldat à dix pas du point central du groupe formé par le peloton, et sur la direction déjà déterminée; il fait remarquer aux soldats que la ligne qui joint le centre du groupe au soldat placé en dehors, si elle est prolongée jusqu'à l'horizon, est précisément celle qui détermine la direction SUD, relativement au lieu occupé par le peloton.

24. L'officier, après s'être assuré, au moyen de demandes convenables, que tous ses subordonnés ont compris comment (à cette heure) on détermine la direction du SUD, passe à l'indication matérielle des trois autres points cardinaux, en plaçant sur chacune d'elles un soldat à dix pas du centre du peloton.

25. Il explique enfin la relation qui existe entre ces trois points et celui du SUD, déjà déterminé; c'est-à-dire qu'il fait remarquer que, par exemple, ayant en face de soi le SUD, on a derrière le NORD, à droite l'OUEST, et l'EST à gauche

26. Il fait rentrer dans le groupe les soldats qui marquaient le carré d'orientation, et, successivement, il fait répéter l'opération par les soldats eux-mêmes, qui placent leurs camarades sur les directions des quatre points cardinaux, par rapport au point occupé par le peloton.

27. Quand les soldats ont bien compris cette première partie de l'exercice, l'officier leur fait remarquer, par des exemples choisis, que la seule connaissance des quatre points cardinaux ne suffit pas toujours pour indiquer avec précision la direction du chemin à suivre afin d'arriver à un point déterminé ou d'en revenir.

28. Pour mieux déterminer les diverses directions qui rayonnent du point de station de l'observateur, l'officier explique comment on est convenu d'intercaler, entre les directions des quatre points cardinaux, quatre autres directions intermédiaires appelées :

Sud-est, direction entre le sud et l'est.

Sud-ouest, direction entre le sud et l'ouest.

Nord-est, direction entre le nord et l'est.

Nord-ouest, direction entre le nord et l'ouest.

29. Immédiatement après, l'officier détermine sur le lieu d'exercice cette rose des directions; il emploie la méthode ordinaire, en plaçant un soldat sur chacune d'elles et à dix pas du centre du groupe.

30. Il fait répéter l'opération par les soldats eux-mêmes jusqu'à ce que tous aient bien appris par cœur le nom et la situation de ces directions intermédiaires, par rapport à celles des points cardinaux.

31. L'officier explique enfin comment, étant trouvée la direction de l'un quelconque des points cardinaux, on passe à la détermination de l'une quelconque de ces directions intermédiaires.

À cet effet, l'officier exercera chaque soldat placé face à un point cardinal donné, à se tourner par des *à-droite*, des *à-gauche*, des *demi-tour* successifs vers les diverses directions de la rose, en les appelant à haute voix par leur nom respectif.

32. On doit procéder de même aux exercices qui ont pour but d'enseigner pratiquement à la troupe la manière de déterminer pour la première fois l'une quelconque des directions qui peuvent se déduire du cours apparent du soleil.

33. Ainsi, au printemps, en été et en automne (à l'époque comprise entre les deux équinoxes), il suffira de regarder le soleil à six heures du matin, pour avoir une direction qui, abaissée sur l'horizon, donnera le point cardinal appelé EST.

Dans cet exercice, il faudra rappeler aux soldats que, suivant les saisons, l'inclinaison plus ou moins grande du cours apparent du soleil est une cause de changements de position dans son apparition à l'horizon. Mais la direction du point cardinal est invariable et se trouve entre les deux directions extrêmes déterminées par le point d'observation et le lever du soleil en plein été ou en plein hiver.

Comme il faut cependant déterminer la direction de l'EST au moyen du lever du soleil, il faudra la fixer *plus ou moins* à gauche ou à droite du point où il paraît, suivant qu'on s'approche ou qu'on s'éloigne du plein été ou du plein hiver.

La pratique seule peut apprendre à apprécier convenablement *ce plus ou moins.*

34. Par analogie, il suffira de regarder le soleil à neuf heures du matin pour avoir une direction qui, abaissée sur l'horizon, détermine le point intermédiaire SUD-EST.

35. A trois heures après midi, on fera l'exercice pour trouver le SUD-OUEST.

36. A six heures du soir, pour trouver l'OUEST.

37. Dans chacun des exercices précédents, on doit, pour déterminer le carré et la rose d'orientation, passer par toutes les opérations développées plus haut.

38. Cette méthode d'orientation au moyen du cours apparent du soleil laisse supposer que l'observateur a le moyen d'évaluer l'heure. Les officiers et les sous-officiers peuvent consulter leur montre ; les soldats, qui sont en général de la campagne, pour apprécier l'heure, se servent des hauteurs correspondantes du soleil ; ils ont rarement besoin de rectifier leurs déductions.

39. De nuit, et quand le ciel est serein, il faut commencer à enseigner à la troupe la manière de déterminer le NORD.

40. L'officier conduit son peloton en un lieu d'où l'on puisse voir une grande partie de la voûte céleste,

41. Il réclame l'attention des soldats et leur dit qu'au milieu des points lumineux qui brillent au ciel, il y en a un très-reconnaissable, qui guide à très-peu près le regard de l'observateur vers le NORD.

42. Pour leur apprendre le moyen de reconnaître l'ÉTOILE POLAIRE, il appelle leur attention sur un groupe remarquable d'étoiles (la constellation de la Grande Ourse), auquel la figure assez grossière qu'elle forme a fait donner le nom de CHARIOT ; il leur expose que l'étoile polaire se trouve du côté de la concavité du timon formé par les 3 étoiles de pointe du chariot ; ensuite, il leur fait voir comment, en suivant la direction déterminée par les 2 roues de derrière, l'œil va rencontrer une étoile remarquable, par son plus grand éclat, au milieu de ses voisines. C'est l'étoile polaire, qui indique le NORD avec une approximation suffisante.

43. L'officier répète alors les mêmes opérations indiquées pour la détermination du carré d'orientation, etc.

44. Les exercices précédents apprennent pratiquement à la troupe la manière de déterminer les 4 points cardinaux et les 4 points intermédiaires, de déduire la direction de l'un d'eux soit de la position relative du soleil, soit de la position de l'étoile polaire ; il va sans dire qu'on suppose le ciel serein.

45. Quand le ciel est couvert de brouillard ou de nuages, l'officier apprend à ses subordonnés qu'ils pourront avoir une orientation approximative en demandant à un paysan où se lève le soleil ou bien où il se couche.

46. Il leur explique comment ce simple renseignement suffit pour leur permettre de déterminer assez exactement l'EST ou l'OUEST, et ensuite le carré entier d'orientation.

47. Si ce moyen n'était pas applicable au milieu d'un vaste terrain inhabité, l'officier leur rappelle qu'ils peuvent interroger les *indices*. Par exemple en cheminant dans la campagne, il leur fait remarquer que la bande d'écorce d'un tronc d'arbre isolé, humide, moussue et verdâtre indique la partie qui regarde le NORD, etc.

§ 3. — Nomenclature du terrain. Distances.

48. En allant à ces premiers exercices pratiques d'orientation, et en revenant, l'officier doit toujours utiliser le temps, en indiquant aux soldats les différents objets qui se présentent à la vue et les diverses formes du terrain. Il leur en fait retenir le véritable nom d'usage commun.

49. De cette façon, en même temps qu'elle apprendra à s'orienter, la troupe s'habituera à connaître la nomenclature,

(a) Des terrains : — PLAINE, COLLINE, MONTAGNE, TERRAIN DÉCOUVERT, COUVERT, INCULTE, CULTIVÉ. Genres de culture :— PRAIRIE, BLÉ, VIGNE, VERGER, JARDIN, RIZIÈRE, BOIS, — HAUTEURS, BAS-FONDS, MARAIS.

(b) Des eaux :—FLEUVE, RIVIÈRE, TORRENT, RUISSEAU, CANAL, FOSSÉ, ÉTANG, COURANTS, BERGES, RIVES, quelle est la droite, quelle est la gauche.—Signification de AMONT, AVAL.—SOURCES, FONTAINES, PUITS.

(c) Des routes :—ORDINAIRES, ont-elles un fond solide ou non, FERRÉES.—LEUR LARGEUR, LEURS PENTES ; sont-elles bordées de fossés, de murs, de haies, d'arbres ? ont-elles des poteaux de télégraphe ? Sont-elles en REMBLAI, en DÉBLAI, de NIVEAU avec la campagne voisine, PONTS et leurs espèces. — PORTS, GUÉS, VIADUCS, TUNNELS et GALERIES.

(d) Des lieux habités : VILLES, VILLAGES, CHATEAUX, VILLAS, FERMES, CLOCHER, MAIRIE, TOUR, CHAPELLE, STATIONS DE CHEMIN DE FER, MAISONS DE GARDE.

50. En même temps, l'officier exercera les soldats à apprécier à vue les distances soit du point d'observation à des objets déterminés, soit entre différents objets visibles.

A cet effet, l'officier devra toujours avoir avec lui une carte topographique, sur laquelle il pourra vérifier les distances et corriger les appréciations des soldats.

§ 4. — Orientation en marche.

51. Quand tous les soldats savent non-seulement s'orienter, mais encore distinguer et nommer les différents objets qui se présentent à la vue de l'observateur, l'officier conduit son peloton sur un point élevé, d'où l'on puisse voir une assez grande étendue de terrain.

52. Il commence à familiariser sa troupe avec le terrain qui s'étend autour du lieu d'observation et avec les objets les plus remarquables qu'on y découvre. A cet effet, il interroge les soldats un à un en alternant les deux modes de question, c'est-à-dire, il montre un objet ou une forme de terrain et en demande le nom, ou réciproquement.

53. L'officier explique ensuite la manière d'orienter ces objets :

a) En les rapportant au point occupé par l'observateur, par exemple, cette ferme (on la montre aux soldats) est au nord-est du point où nous nous trouvons, etc.

b) En les rapportant à d'autres objets voisins : par exemple, ce village qui se trouve à l'est, par rapport au groupe, est au nord de tel pont, etc.

c) En les rapportant absolument aux quatre points cardinaux, c'est-à-dire en faisant abstraction du lieu d'observation, par exemple, tel cours d'eau a une direction nord-sud, etc.

54. Cet exercice est répété à différentes reprises, et l'officier doit donner des explications faciles à comprendre, en employant des exemples qui puissent les faire pénétrer dans l'esprit des soldats.

55. Comme dernier exercice, pouvant faire saisir aux soldats le résultat pratique que doit amener l'école d'orientation, l'officier, arrivé en rase campagne, dit à ses soldats : qu'on doit aller au village..... qui se trouve dans la direction.....

56. Les soldats doivent d'abord s'orienter et déterminer ensuite, au moyen d'objets bien visibles, par exemple le sommet d'une montagne, un clocher, une tour, etc., la direction approximative dans laquelle doit se trouver le village, but de l'exercice.

57. Cette direction fixée, les soldats doivent observer, pour la retenir, tels objets visibles et caractéristiques que, chemin faisant, ils devront trouver à droite ou à gauche de la route.

58. L'officier s'assure, par des questions répétées, que cette préparation est complète pour tous; il en désigne un pour servir de guide au peloton, et on se met en marche.

59. Le choix du village où l'on se rend doit être tel, que la route qui y conduit soit tortueuse et présente un grand nombre d'embranchements.

60. Le soldat désigné comme guide marche devant; aux bifurcations ou aux croisées de chemin, il doit s'arrêter, et quand le peloton l'a rejoint, il dit à l'officier pourquoi il choisit plutôt l'une que l'autre des routes qui s'offrent à lui.

61. Pendant que le guide reprend sa distance, l'officier pose des questions aux autres soldats, afin de savoir quel signe (ferme, arbre, croix, chapelle, etc.) ils pensent se rappeler, pour reprendre sûrement, au retour, le même chemin qu'ils suivent en allant.

62. Au moment de partir, l'officier fera connaître l'heure à ses subordonnés. Pendant la marche, il leur fera calculer approximativement la distance parcourue en la déduisant du temps employé.

63. De temps à autre, l'officier fait interroger par quelques soldats des voyageurs ou des personnes du lieu pour savoir les noms des habitations principales, qui sont sur la route ou en vue, des ponts, des cours d'eau, pour apprendre d'où viennent les routes qui aboutissent à celle sur laquelle on chemine, pour connaître les distances aux villages voisins, au village où l'on se rend, etc.

64. Si les questions n'ont pas été faites en termes clairs et précis, l'officier indique comment elles auraient dû être posées pour obtenir des réponses exactes; il leur montre qu'il est très important de savoir interroger avec discernement.

65. Lorsque la marche est reprise, il discute la valeur des renseignements obtenus, fait connaître ceux qui lui paraissent dignes de foi, ceux qui sont douteux, et enfin ceux qui sont erronés ou absurdes. En agissant ainsi, il prouve aux soldats qu'ils ne doivent pas toujours s'en tenir aux premières informations, mais qu'il est nécessaire d'en contrôler l'exactitude, soit en interrogeant plusieurs personnes, soit en vérifiant effectivement sur les lieux, au fur et à mesure qu'ils avancent, les renseignements obtenus.

66. Pour le retour, on suivra le même chemin. Le soldat qui sera désigné pour servir de guide se préoccupera moins des points cardinaux que des indices qu'il aura retenus en allant, pour distinguer le véritable chemin à tous les points où la route, se bifurquant, offre des occasions plus faciles d'erreur.

67. Pour compléter tous les précédents exercices d'orientation, l'officier, son peloton rassemblé dans une chambre, fera verbalement répéter à sa troupe l'exercice pratique d'orientation et de nomenclature qu'on a fait le matin ou au plus tard la veille.

68. A cet effet, il interrogera successivement chaque soldat sur la route, sur les terrains parcourus, sur les lieux vus et sur leur position respective.

69. Au commencement, l'officier laissera chacun parler à sa façon et de son mieux : à une première réponse obtenue, il cherchera à enchaîner une autre demande simple, faite en termes clairs et toujours relative à des objets ou à des positions vus le matin ou le jour précédent.

70. L'officier ne devra jamais poser des questions génériques, c'est-à-dire applicables à des cas généraux, parce que de

telles abstractions servent plutôt à troubler qu'à éclairer l'intelligence du soldat.

71. Après avoir peu à peu vaincu cette timidité naturelle qui, au commencement, empêche le soldat de répondre aux questions d'un supérieur, l'officier fera des questions plus complexes, et peu à peu il fera en sorte qu'on y réponde avec ordre et en se servant des mots propres.

72. Ces exercices oraux non-seulement sont l'unique moyen d'enseigner à la troupe à bien observer et à rendre exactement compte de ce qu'elle a vu ; mais c'est encore le meilleur système pour éveiller l'esprit des soldats, exercer avec profit leur mémoire et apprécier leur degré d'intelligence.

II

INSTRUCTION SUR LE SERVICE DE SÛRETÉ

DES TROUPES EN CAMPAGNE

PRÉLIMINAIRES

Tout corps de troupe voisin de l'ennemi se prémunit contre les surprises de ce dernier, en employant pour se garder une partie de ses propres forces. A ces *troupes de sûreté* appartient de découvrir les mouvements de l'ennemi, de les signaler à qui de droit, et d'opposer une première résistance, pour que le corps principal, qui est en marche ou en position, puisse se préparer au combat ou l'éviter.

Le service de sûreté est spécialement confié à l'infanterie et à la cavalerie.

Les fractions de troupes qui y sont employées reçoivent différents noms suivant les rôles qu'elles ont à remplir.

Elles s'appellent *avant-garde*, *arrière-garde*, *flanqueurs*, suivant qu'elles protègent, en avant, en arrière ou sur les flancs, une colonne en marche.

Si le corps est arrêté, elles se nomment *avant-postes*.

Le but principal de cette *Instruction* est d'établir d'une manière normale et didactique les formes et les proportions que doivent adopter des corps d'infanterie et de cavalerie pour détacher des troupes de sûreté, comme aussi d'indiquer les mesures qu'elles doivent observer. Ces règles peuvent évidemment être modifiées par le chef responsable, qui cependant devra toujours avoir une idée claire des motifs qui l'amènent à faire des modifications.

Cette *Instruction* traite également de l'infanterie et de la cavalerie, parce que, par suite des fréquentes combinaisons des deux armes dans le service de sûreté, il est nécessaire que les officiers connaissent également ce qui regarde l'une et l'autre.

CHAPITRE PREMIER.

RECONNAISSANCE DE TROUPES QUI SE RENCONTRENT.

§ 1er. — Mot d'ordre et de ralliement.

1. Le mot d'ordre et le mot de ralliement servent à la reconnaissance réciproque de deux corps ou détachements qui se rencontrent et ne peuvent à première vue être certains d'appartenir au même parti.

2. Le mot d'ordre est *un nom de ville*; le mot de ralliement est *un nom de personne*.

3. Le mot est donné par le commandant en chef; il change tous les jours, il sert de midi à midi ; mais le même jour, il est le même pour toutes les troupes.

4. Le mot est envoyé hiérarchiquement, tous les quinze jours, par le commandant en chef aux commandants des divisions. Ceux-ci, au contraire, le transmettent tous les jours aux corps sous leur commandement et assez à temps pour qu'il puisse être donné aux avant-postes une heure au moins avant midi.

5. Aux corps détachés de la division pour plusieurs jours, le mot sera donné pour plusieurs jours et même pour la quinzaine entière.

6. Quand une division ou un corps isolé n'a pas le mot, il lui en est donné un par son chef.

7. Quand le mot n'arrive pas à l'heure voulue aux avant-postes, on continue à se servir de celui de la veille.

8. Si l'on a sujet de craindre que le mot ne soit connu de l'ennemi, le général commandant la division peut immédiatement le changer; il en avise les divisions voisines et en rend compte au commandant du corps d'armée.

9. Le mot doit être connu seulement des commandants de

corps, des commandants des grand'gardes et des réserves d'avant-postes, des chefs des petits postes établis sur les communications principales (petits postes de reconnaissance) (1), des commandants d'avant-gardes, d'arrière-gardes et de flanqueurs, des chefs de détachements envoyés en reconnaissance, en mission, ou pour quelque motif au-delà du cercle des avant-postes et enfin des chefs de patrouille.

Le mot doit être communiqué aux chefs des détachements ci-dessus indiqués et aux chefs de patrouille, au moment seulement de leur départ pour le service qu'ils ont à faire.

§ 2. — De la reconnaissance.

10. En plein jour et à découvert, deux troupes qui se rencontrent peuvent facilement et à distance se reconnaître à l'uniforme pour amies ou ennemies. Si des troupes appartiennent à un même régiment, à une même brigade, à une même division, se connaissent pour ainsi dire personnellement, et si, par suite, de part et d'autre, il ne peut exister aucun doute sur leur identité, elles doivent laisser de côté les formalités de reconnaissance.

Si, au contraire, il y a chez l'une d'elles doute sur l'identité de l'autre, avant de passer outre, elles devront échanger des indications leur permettant de se reconnaître comme appartenant à la même armée.

11. Ces indications se donnent de la manière suivante :

Une des troupes dit : *Qui vive ?* l'autre répond : *Italie,* tel *régiment* (ou corps) ; la première reprend : *Italie,* tel *régiment* (ou corps).

Les deux troupes s'arrêtent, et en même temps leurs chefs s'avancent, jusqu'à ce qu'ils se trouvent à une petite distance

---

(1) Ces petits postes, comme il sera expliqué plus loin, reconnaissent, à l'exclusion des autres petits postes, les troupes qui rentrent, surveillent la circulation des habitants, reçoivent les parlementaires, etc.

(*Note des traducteurs.*)

l'un de l'autre (5 ou 6 mètres au plus) ; ils s'interrogent et se répondent alternativement, sur le lieu d'où ils viennent, sur celui où ils vont, et se font réciproquement telles autres communications qu'ils croient opportunes.

Cependant, si l'un d'eux doute de l'identité de l'autre, il a le droit de lui demander le mot d'ordre, et ce dernier doit le lui donner, en exigeant le mot de ralliement.

Dans de telles rencontres, la supériorité du grade ne dispense pas de répondre aux questions faites par l'inférieur pour savoir à qui il a affaire. L'inférieur devra toujours avoir d'ailleurs pour son chef la plus grande déférence.

12. De nuit ou dans les jours de brouillard épais, la reconnaissance a lieu comme il est dit précédemment, mais toujours par l'échange des mots d'ordre et de ralliement.

La troupe qui voit l'autre la première dit : *Qui vive ?* ; l'autre répond : *Italie, patrouille (reconnaissance, colonne, etc.), de tel régiment* ; la première donne les indications analogues, et ajoute : *avance à l'ordre*.

Les deux troupes s'arrêtent, et leurs chefs s'avancent à la rencontre l'un de l'autre ; quand ils se trouvent à 20 ou 30 mètres, ils échangent le mot à voix contenue (1).

Celui qui a demandé le mot d'ordre le reçoit et répond à son tour par le mot de ralliement. Cela fait, les deux chefs se rapprochent pour se faire les communications nécessaires.

13. Ce qui vient d'être dit dans les deux numéros précédents doit se faire promptement, afin de ne pas retarder la marche ou la mission des troupes qui se rencontrent.

S'il s'agit de patrouilles et de petits détachements, quelle qu'en soit l'espèce, leurs chefs se reconnaissent par les moyens ci-dessus indiqués.

(1) Le texte italien dit : *con moderata voce*, nous avons suivi le texte ; toutefois, nous ferons observer que la nuit, à 25 mètres, échanger un mot à voix contenue ne nous paraît pas possible ; la plupart du temps, personne n'entendra rien ; il faudrait évidemment diminuer la distance.

(*Note des traducteurs.*)

Quand au contraire, ce sont des colonnes de quelque importance, la reconnaissance se fait entre les avant-gardes extrêmes
ou les autres troupes de sûreté, qui se rencontrent les premières, et en pareil cas, il faut qu'elle se fasse rapidement pour
ne pas suspendre la marche du gros des colonnes.

14. Derrière la ligne des avant-postes, à moins de soupçons
fondés, on ne doit pas se reconnaître, excepté la nuit.

15. S'il arrivait que le chef de l'une des troupes qui se sont
rencontrées et veulent se reconnaître n'eût pas le mot, ou ne se
le rappelât pas au moment de le donner à celui qui le demande,
ce dernier ne doit pas en venir aux voies de fait, c'est-à-dire faire
feu, arrêter, ou empêcher l'autre troupe de suivre son chemin
ou de remplir sa mission, à moins d'avoir des raisons fondées
pour croire à un piége.

Par contre, celui qui n'a pas le mot, quelle que soit la supériorité de son grade, doit se soumettre de bonne grâce à toutes
les questions que l'autre jugerait à propos de lui adresser pour
sa garantie.

Ceci fait clairement comprendre que le mot est un moyen
plus prompt de se reconnaître, mais qu'il n'est pas le seul auquel on puisse et on doive recourir, et qui soit absolument indispensable.

16. La nuit on crie : *qui vive?* même aux isolés (c'est-à-dire
un ou plusieurs individus, qui ne constituent pas un détachement
régulier) et ceux-ci de leur côté ont le droit de crier: *Qui vive?*
On opère conformément aux prescriptions du n° 11. Celui à qui
l'on crie : *qui vive?* doit répondre *Italie* tel *régiment*, et, s'il est
isolé, ajouter: (tel grade) *isolé*; celui qui a crié: *qui vive?* doit
agir d'une manière analogue; ils s'avancent ensuite pour se reconnaître de près.

17. Jour et nuit, les isolés sont tenus de donner aux patrouilles,
et en général aux détachements et aux postes armés, tous les
éclaircissements qui peuvent leur être demandés pour constater
leur identité. Il est bien entendu que les chefs de détachement
devront dans ces reconnaissances observer à l'égard des officiers

la déférence qui est toujours un devoir de l'inférieur envers le supérieur.

18. Les prescriptions contenues dans ce chapitre ne doivent pas être considérées comme des formalités d'un usage absolu, mais comme des règles, des moyens de précaution à observer, quand on le juge nécessaire et prudent.

CHAPITRE II.

PATROUILLES.

§ 1er. — Composition, objet, dénominations.

19. Les *patrouilles* sont, en général, de petits détachements de troupes à pied ou à cheval, envoyés pour prendre des informations sur l'ennemi ou sur le pays, ou encore pour surveiller, activer et compléter le service de sûreté d'un corps de troupe qui est en marche ou arrêté.

20. Pendant leur mission, les patrouilles doivent veiller elles-mêmes à leur propre sûreté ; pour être mieux en mesure de combattre, elles ont les armes chargées, et celles d'infanterie ont la baïonnette au canon. Les hommes de pointe (n° 24), dans les patrouilles de cavalerie, ont l'arme à feu au poing.

21. Les patrouilles, suivant leur force, se distinguent en *petites, moyennes, grandes patrouilles.*

Leur force est en général proportionnée à l'importance de leur mission et à la distance à laquelle elles doivent s'éloigner.

§ 2. — Petites patrouilles.

22. On appelle *petites patrouilles* celles qui ont une force de deux à huit hommes d'infanterie, ou de deux à six hommes de cavalerie, sous les ordres d'un *chef de patrouille.*

Leur mission est en général limitée à de courtes distances du corps auquel elles appartiennent.

23. Dans la plupart des cas, une petite patrouille est commandée par un caporal ou un homme choisi, qui en remplit les fonctions ; mais, suivant l'importance de sa mission, elle pourra être conduite par un sous-officier et même par un officier.

En effet, il faut quelquefois prendre des informations dont la recherche exige une perspicacité particulière, de la prudence et même des connaissances spéciales; il devient alors nécessaire d'en charger un officier, à qui on ne donne qu'une escorte de deux ou trois hommes pour ne pas compromettre le secret de sa mission.

24. Une petite patrouille en marche déta- chera en avant deux soldats, qui en forment la *pointe*.

Le chef de patrouille restera en arrière avec les autres hommes; ils constitueront ensemble le *gros* de la patrouille (*fig.* 1).

Quand une petite patrouille se composera, c'est le minimum, de 2 hommes et du chef de patrouille, la pointe sera formée d'un seul homme.

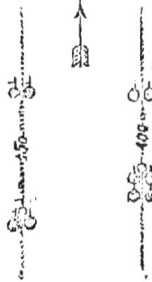

Fig. 1.

25. La distance normale entre la pointe et le gros de la pa- trouille sera de 100 mètres pour l'infanterie, et de 150 mètres pour la cavalerie.

On augmentera ou on diminuera la distance suivant les cir- constances; cependant les modifications devront être assujetties aux conditions suivantes :

(*a*) Le chef de patrouille se maintiendra continuellement en communication avec les hommes de la pointe, de façon qu'il puisse les diriger ou à la voix ou au moyen de signaux con- venus.

(*b*) Les hommes de la pointe doivent pouvoir à leur tour indiquer facilement et à temps au chef de patrouille les inci- dents qui intéressent la sécurité de la patrouille.

Il en résulte qu'à découvert et de jour, la distance entre la pointe et le gros pourra être augmentée, et qu'au contraire, dans les terrains très-accidentés, dans les jours de brouillard, et spécialement la nuit, les distances entre les diverses parties d'une patrouille devront être diminuées.

Les règles énoncées dans ce numéro doivent servir aussi

pour modifier les distances fixées plus loin dans le cours de cette *Instruction* entre les diverses fractions des troupes de sûreté.

§ 3. — Patrouilles moyennes.

26. On appelle *patrouilles moyennes* les détachements, dont la force varie de 8 à 16 hommes d'infanterie, de 6 à 12 de cavalerie, sous les ordres d'un chef de patrouille.

En général, le chef d'une patrouille moyenne est un sous-officier; mais, suivant l'importance de sa mission, elle pourra être conduite par un officier (nº 23).

27. Une patrouille moyenne (*fig. 2*), outre qu'elle se fait, comme la petite patrouille, précéder par 2 hommes à 100 mètres, si c'est de l'infanterie, à 150 mètres, si c'est de la cavalerie, se fait suivre par 2 hommes aux mêmes distances de 100 ou de 150 mètres dans l'un ou l'autre cas. Les 2 hommes forment l'arrière-garde de la patrouille.

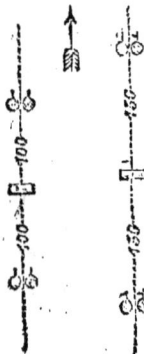

Fig. 2.

§ 4. — Grosses patrouilles.

28. Les *grosses patrouilles* sont d'une force comprise entre la force maxima des patrouilles moyennes et celle du peloton.

Elles sont commandées par un officier.

29. Leur ordre normal est celui de la patrouille moyenne, c'est-à-dire elles ont 2 hommes de pointe et 2 d'arrière-garde aux distances indiquées ci-dessus (*fig. 3*).

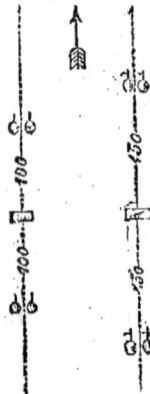

Fig. 3.

§ 5. — Flanquement des patrouilles.

30. Une patrouille qui suit une route doit être assurée sur ses flancs, au moins jusqu'à 200 mètres.

31. Quand le terrain sur les côtés du chemin parcouru est découvert, la patrouille n'a qu'à regarder à droite et à gauche en marchant.

32. Quand, au contraire, le terrain est couvert :

S'il est facilement praticable, la patrouille d'infanterie détache à 100 mètres et celle de cavalerie à 150 mètres deux flanqueurs qui, en marchant à peu près à hauteur de la patrouille et en se maintenant en communication avec elle, observent le terrain en avant et du côté opposé à celui où elle se trouve (*fig. 4*) :

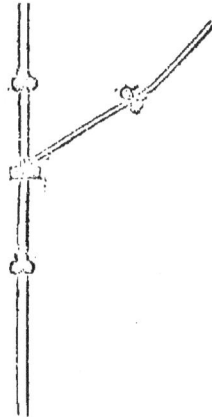

Si, au contraire, comme il arrive le plus souvent dans nos contrées, le terrain est difficile, et tel que les flanqueurs ne puissent aller que très-lentement et retardent ainsi sensiblement la marche de la patrouille, il faut que cette dernière s'en passe. Cependant, sur chaque route ou sentier débouchant sur le chemin suivi, le chef de patrouille doit détacher du gros un ou deux soldats, qui en parcourent rapidement 100 ou 150 mètres, observent aussi loin qu'ils peuvent, et rejoignent ensuite la patrouille, sans que celle-ci ait à s'arrêter et à perdre du temps.

Fig. 4.

§ 6. — Halte protégée.

33. Un corps de troupes qui, en s'arrêtant, prend des dis-

positions spéciales pour se garantir d'une surprise, est dit *en halte protégée*.

34. Lorsqu'une patrouille d'infanterie ou de cavalerie doit s'arrêter, même pour peu de temps, elle pourvoit de suite à sa propre sûreté, en disposant autour d'elle des *vedettes*, chargées d'observer les principaux débouchés par lesquels l'ennemi pourrait le plus probablement se présenter.

Le nom de *vedette* est donné indistinctement aux soldats d'infanterie ou de cavalerie placés en observation.

35. Pour disposer une petite patrouille en halte protégée, le chef de la patrouille, dès qu'il l'a arrêtée, ordonne aux deux soldats de pointe d'observer attentivement dans la direction de la marche; il place en vedette les autres hommes (ou une partie d'entre eux, suivant la force de la patrouille) sur les communications qui viennent de l'ennemi ou sur des points peu éloignés, d'où la vue embrasse une grande étendue de terrain, et de façon que ces hommes puissent voir le chef de patrouille ou du moins en être facilement entendus.

Ce dernier, ou seul, ou avec la force restée disponible, se tient dans une position centrale par rapport à celles qu'occupent ses vedettes, de manière qu'il puisse facilement les voir et s'assurer rapidement par lui-même de l'exactitude des événements qui lui seraient annoncés.

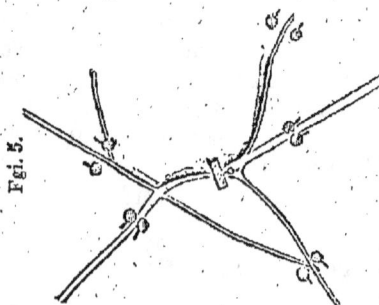

Fig. 5.

36. La patrouille moyenne et la grande patrouille, pour se mettre en halte protégée, suivent les règles précédentes (*fig. 5*).

Seulement, ayant une plus grande force disponible, le chef pourra mieux faire observer les points les plus dangereux, sans cependant éloigner les vedettes de plus de 300 mètres du gros de la patrouille et en les doublant, c'est-à-dire en plaçant deux hommes au même point.

37. Pendant ces haltes, les vedettes d'infanterie et de cavalerie ne doivent pas lever le collet de leur capote ou de leur manteau, ni s'encapuchonner, ce qui diminuerait la puissance de l'ouïe et de la vue. Si, de l'endroit où l'on s'est arrêté, on peut voir tout autour aussi bien à pied qu'à cheval, le chef de patrouille de cavalerie peut faire mettre pied à terre aux vedettes.

§ 7. — Retour des patrouilles.

38. Lorsqu'une patrouille, sa mission accomplie, rejoint le corps dont elle est détachée, elle intervertit l'ordre de marche.

§ 8. — Devoirs et attributions des différentes parties d'une patrouille.

39. Avant de partir, le chef de patrouille cherche à bien s'orienter, afin de bien assurer la direction de sa marche. En outre, s'il le croit nécessaire, et que ce soit possible, il se fait accompagner par des guides du pays.

40. Les soldats de la pointe doivent marcher avec beaucoup de circonspection, en regardant autour d'eux, afin qu'aucun indice annonçant la présence de l'ennemi ne reste inaperçu. Tels sont le scintillement des armes, les bruits inaccoutumés, les nuages de poussière, etc.

Lorsqu'ils percevront de tels indices, ils s'arrêteront pour observer avec plus d'attention, en se défilant le mieux possible, afin de n'être pas vus; ils feront signe au chef qui marche derrière eux; celui-ci arrête le reste de sa troupe et les rejoint pour juger par lui-même de l'exactitude du fait.

41. Les lieux suspects, qui se trouvent le long de la route ou sur le côté, à moins de 100 mètres, seront promptement visités par les soldats de la pointe, qui ne négligeront aucune précaution pour ne pas tomber dans une embuscade.

4

S'agit-il, par exemple, de lieux habités, ils commenceront par interroger les habitants, s'assureront de la personne de l'un d'eux, si c'est possible, du chef de famille, le retiendront momentanément comme otage, et se feront accompagner par lui dans l'intérieur de l'habitation.

Le gros de la patrouille arrivé à ce point s'arrêtera, si la fouille n'est pas finie. Aussitôt qu'elle sera terminée, toute la patrouille se remettra en marche sans perdre de temps, et la pointe, accélérant le pas, reprendra sa distance en avant du gros.

42. Quant aux lieux suspects importants, tels que villages, bois, vallons, etc., que l'on rencontrera et que ne pourra visiter la pointe, le chef de patrouille les fouillera ou les fera fouiller avec soin. Quand il voit la pointe arrêtée devant des lieux de cette espèce, il s'avance avec deux ou trois hommes, laissant à une centaine de mètres les autres qui se disposent en halte protégée. Il interroge les habitants qu'il peut rencontrer, en prend momentanément un en otage, demande si l'ennemi a paru aux environs. Si la réponse est négative, il fait avancer les hommes de pointe sur le chemin qu'il veut parcourir; il envoie à droite et à gauche d'autres groupes de deux hommes (ou plus, si la force de la patrouille le permet); ces soldats, servant de flanqueurs, suivent les rues latérales du village, ou les sentiers du bois, du vallon. Le chef, avec le reste de la patrouille, se tient derrière la pointe dans l'ordre normal et à distance convenable.

Si les lieux suspects sont sur le côté de la route, à plus de 100 mètres, mais à moins de 300 (en général une patrouille n'étend pas plus loin sur ses flancs ses investigations), la pointe s'arrête à hauteur de ce *point dangereux*, le chef de patrouille la rejoint avec le gros, et la patrouille étant disposée en halte protégée, il envoie deux hommes explorer les lieux. A leur retour, la patrouille poursuit sa marche.

Une petite patrouille, qui n'a pas un nombre d'hommes suffisant pour suivre toutes ces prescriptions, cherchera à s'en rapprocher, autant que le permettra l'exiguïté de sa force.

d'autre part il arrivera rarement qu'une petite patrouille ait dans sa mission à fouiller ou seulement à traverser un village, un bois, ou d'autres lieux couverts d'une étendue considérable.

43. Quant aux petites patrouilles détachées pour flanquer sur les côtés de la route, aussi bien que celles qui sont chargées de fouiller les chemins latéraux (n° 32), elles se conformeront, en approchant des lieux suspects, aux indications données n° 41 pour les soldats de pointe, en veillant toutefois à ne pas perdre de temps et à ne pas ralentir la marche.

44. Une patrouille ne laissera jamais passer devant elle les voyageurs qui se dirigent vers l'ennemi, et les hommes de pointe arrêteront ceux qui viennent de la direction opposée, c'est-à-dire du côté de l'ennemi; ils les conduiront au chef de patrouille, qui les interrogera et même les retiendra prisonniers, s'ils semblent suspects.

45. S'il arrive qu'un chef de patrouille doive informer son supérieur d'un fait qu'il importe de connaître avant le retour de la patrouille, il lui enverra un de ses hommes avec un rapport écrit, si c'est possible, ou autrement le messager fera le rapport de vive voix.

Dans les deux cas, le chef de patrouille devra envoyer un homme capable de donner des renseignements minutieux.

Pour arriver à ce résultat, le chef de patrouille, avant de le laisser partir, fait observer par le messager l'orientation du lieu, les accidents de terrain, les indices recueillis sur l'ennemi, et appelle son attention sur la circonstance matérielle qui a donné lieu au rapport.

§ 9. — Patrouilles de nuit.

46. La nuit, les patrouilles pour la marche et les haltes se règlent sur les prescriptions établies pour les patrouilles de jour. Elles resserreront cependant un peu l'ordre de marche et chercheront, en écoutant très-attentivement, à regagner ce que l'obscurité de la nuit fait perdre à la vue.

§ 10. — Rencontres et reconnaissances.

47. Quand une patrouille rencontre une autre patrouille ou un détachement armé quelconque, la reconnaissance se fait comme il est dit au chapitre 1ᵉʳ; il en est de même, si la patrouille arrive sur quelque poste d'avis (1) ou sur un petit poste.

48. Excepté en plein jour et sur un terrain découvert, c'est-à-dire, quand, à l'uniforme, on peut à distance constater que la troupe qui s'approche est une troupe amie, les patrouilles doivent dans les rencontres, et surtout la nuit, être très-prudentes.

Leur principale habileté est d'être les premières à voir et de ne se laisser découvrir que lorsqu'il n'y a pas de danger ou que la nécessité l'exige; c'est surtout dans la marche et dans les rencontres qu'il faut toujours observer cette règle.

§ 11. — Rencontre des patrouilles avec l'ennemi.

49. Les patrouilles ont pour mission essentielle, non pas de combattre, mais d'observer, de prendre des informations, et de rendre compte.

50. La pointe ou la vedette qui découvre l'ennemi, sans être vue de lui, en informe le chef de patrouille sans faire feu. Quand elles voient qu'elles sont découvertes ou qu'elles n'ont pas le temps nécessaire pour avertir autrement le chef de patrouille, elles tirent un coup de feu pour donner l'alarme.

51. Le chef de patrouille prévenu de la présence de l'ennemi cherchera à juger sa force et à observer ses mouvements, en se tenant défilé avec sa troupe. Si, d'après la force du parti ennemi, il juge qu'il peut le surprendre, il lui tendra une embuscade dans le but de lui faire des prisonniers, qui sont en général une source précieuse de renseignements.

52. Si la patrouille est obligée de combattre, son chef engagera le combat d'après les règles prescrites dans les exercices de combat du premier degré.

(1) Il est expliqué au n° 167 ce qu'est un *poste d'avis*. (Note des traducteurs.)

CHAPITRE III.

MESURES DE SURETÉ DANS LA MARCHE DES COLONNES.

§ 1ᵉʳ. — Compagnie ou escadron.

53. Une compagnie ou un escadron qui marche isolé (*fig.* 6) dans le voisinage de l'ennemi veille à sa propre sûreté en détachant :

En avant-garde un peloton ;

En arrière-garde une petite patrouille de quatre hommes conduite par un gradé.

Le peloton d'avant-garde, s'il est d'infanterie, précède le gros de la compagnie à 200 mètres, c'est-à-dire, à la distance fixée, dans les règlements sur les exercices et les évolutions des troupes à pied, entre les pelotons déployés et le soutien ; s'il est de cavalerie, il précède le gros de l'escadron à 300 mètres ; on prend, dans les deux cas, l'ordre de marche indiqué pour une grosse patrouille (nᵒ 29), sans cependant mettre d'arrière-garde.

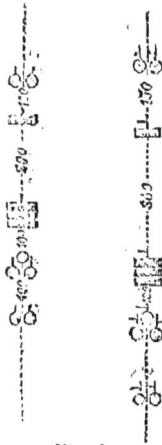

La petite patrouille d'arrière-garde se tient derrière le gros de la compagnie ou de l'escadron, à une distance de 100 mètres, en ordre de marche en retraite.

Fig. 6.

Les sapeurs de la compagnie marchent avec le peloton d'avant-garde.

54. En marchant à travers des terrains couverts, qui ne permettent pas d'observer librement les côtés du chemin parcouru à 500 mètres au moins, on doit employer des flanqueurs.

A cet effet le peloton d'avant-garde détache de petites patrouilles, qui marcheront à de grands intervalles sur les côtés de la route sans jamais perdre de vue l'avant-garde (*fig. 7*).

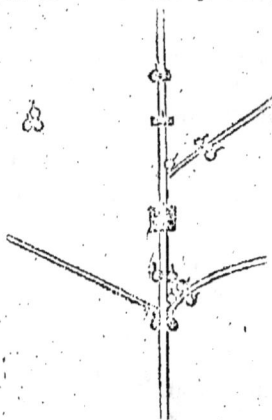

55. Dans les terrains cultivés, coupés par des ravins, des fossés ou des haies, ou très-accidentés, à travers lesquels il est impossible de faire marcher les flanqueurs sans occasionner de graves retards dans la marche de la colonne, on assure ses flancs, en faisant fouiller les chemins latéraux par de petites patrouilles de trois hommes détachés du gros de l'avant-garde, d'après les règles données ci-après au n° 71.

Fig. 7.

Dans notre pays, où le terrain est presque toujours coupé de fossés, de canaux, de haies, etc., et couvert de vignes et de plantations épaisses, il est difficile de détacher des flanqueurs; aussi, en général, un corps en marche devra-t-il se contenter de détacher de petites patrouilles, sur des chemins latéraux, d'après ce qui a été dit ci-dessus.

56. Dans la marche en retraite, la compagnie ou l'escadron intervertit l'ordre indiqué au n° 53.

Dans ce cas, il faut cependant mettre plus de distance entre le gros de la compagnie et l'arrière-garde, pour que celle-ci, en cas d'une attaque de l'ennemi, ne soit pas trop facilement rejetée sur le premier.

§ 2. — Bataillon.

57. Un bataillon en marche (*fig. 8*) détache pour se garder :

En avant-garde, une compagnie ;

Fig. 8.

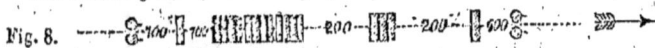

En arrière-garde, un détachement de la force d'une patrouille moyenne (*fig. 8*).

La compagnie d'avant-garde précède le gros du bataillon à 200 mètres et marche dans l'ordre indiqué pour une compagnie isolée (n° 53), sans cependant détacher d'arrière-garde.

En conséquence, le peloton d'avant-garde devient l'extrême avant-garde du bataillon, et le gros de la compagnie devient le gros de l'avant-garde du bataillon.

La distance entre la compagnie d'avant-garde et le gros du bataillon est celle qui est fixée par les règlements pour les exercices et les évolutions des troupes à pied, entre un bataillon en ordre serré et son soutien.

Les sapeurs du bataillon marchent avec le gros de l'avant-garde.

Si le bataillon a des voitures à sa suite, elles marcheront entre le gros de la colonne et l'arrière-garde.

L'arrière-garde détachée de la dernière compagnie marche à 100 mètres derrière le gros du bataillon; elle prend l'ordre de marche d'une patrouille moyenne, sans cependant détacher d'avant-garde.

58. Un bataillon en marche assure ses flancs comme une compagnie isolée; c'est-à-dire en détachant en flanqueurs quelques patrouilles, si le terrain leur permet de marcher à hauteur de l'avant-garde de la colonne, et de se tenir facilement en communication avec elle, ou bien, et ce sera le plus grand nombre de cas, en envoyant quelques petites patrouilles de trois soldats reconnaître les routes qui s'embranchent sur le chemin suivi par la colonne principale (*fig. 9*).

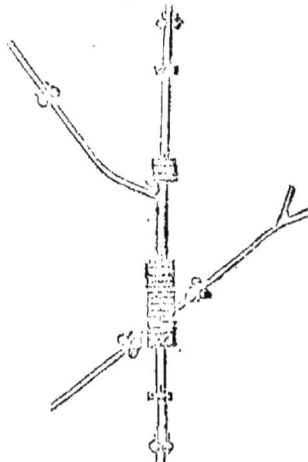

Fig. 9.

Les patrouilles employées à ce service sont détachées du peloton d'extrême avant-garde.

59. Dans la marche en retraite, le bataillon intervertit l'ordre du n° 57, en détachant :

En *arrière-garde*, une compagnie qui prend l'ordre de marche en retraite (n° 56) et suit à 200 mètres le gros du bataillon ;

En *avant-garde*, une patrouille moyenne, qui prend l'ordre de marche indiqué au n° 27, sans arrière-garde particulière et précède de 100 mètres le gros du bataillon. S'il est nécessaire que l'avant-garde explore le terrain sur les flancs, il faudra un peu en augmenter la force.

§ 3. — Régiment d'infanterie.

60. Un régiment d'infanterie veille à sa sûreté, en détachant *(fig. 10)* :

En *avant-garde*, un bataillon ;

En *arrière-garde*, un peloton du bataillon de queue.

Le bataillon d'avant-garde précède de 400 mètres le gros du régiment ; il est disposé dans l'ordre établi pour la marche d'un bataillon isolé (n° 57), mais il ne détache pas d'arrière-garde.

Le peloton d'arrière-garde marche à 200 mètres de la queue du régiment ; il prend l'ordre de marche d'une grosse patrouille, mais ne détache pas d'avant-garde.

Les voitures à la suite du régiment sont placées entre le gros de la colonne et l'arrière-garde.

61. Un régiment d'infanterie en marche assure ses flancs, suivant la nature du terrain, d'après ce qui a été dit pour un bataillon.

62. En retraite un régiment d'infanterie intervertit l'ordre de marche établi pour se porter en avant.

S'il y a probabilité que l'ennemi inquiète la retraite, le régiment se fait précéder par les voitures, qui marchent à 2 ou 3 kilomètres en avant et même plus, si le chemin est mauvais pour elles.

Fig. 40.

§ 4. — Régiment de cavalerie.

63. Un régiment de cavalerie, qui marche isolé à proximité de l'ennemi (*fig. 11*), détache :

En *avant-garde*, un escadron ;

En *arrière-garde*, un peloton de l'escadron de queue.

L'escadron d'avant-garde, disposé dans l'ordre de marche prescrit pour la marche d'un escadron isolé (n° 54), précède à 400 mètres de distance le gros du régiment, mais il ne détache pas d'arrière-garde.

Le peloton d'arrière-garde marche à 200 mètres de la queue du régiment, en se faisant suivre à 100 mètres d'un gradé et de quatre soldats, qui forment l'extrême arrière-garde.

Les voitures se tiennent entre le gros de la colonne et l'arrière-garde, à moins que par suite des difficultés de la route et de la proximité de l'ennemi, il ne soit convenable de les faire suivre à 2 ou 3 kilomètres ou même à une demi-étape.

64. Du peloton d'extrême avant-garde on envoie de petits détachements pour assurer les flancs, suivant la nature du terrain ; ils marchent en flanqueurs ou reconnaissent les routes latérales.

S'il est rare, dans notre pays, que le terrain permette l'emploi de flanqueurs pour l'infanterie ; il sera encore plus difficile d'en trouver de propice au flanquement par la cavalerie ; de sorte que, le plus souvent, le seul moyen d'assurer ses flancs sera de reconnaître les routes latérales.

65. En retraite, un régiment de cavalerie intervertit l'ordre de marche établi pour aller en avant.

S'il est probable que l'ennemi inquiète sa retraite, il se fera précéder par les voitures, ainsi qu'il est dit pour un régiment d'infanterie.

Fig. 11.

Nota. En considérant la force qui, dans cette Instruction, est assignée
aux diverses colonnes en marche pour le service de sûreté, on remarque
qu'on a préféré prendre toujours entières des unités tactiques comme le
peloton, la compagnie, l'escadron et le bataillon, bien que dans quelques
cas, comme, par exemple, pour une colonne d'un régiment, un bataillon
puisse sembler trop fort, surtout quand le régiment est à trois bataillons.
Cependant, il faut considérer que ce bataillon n'éprouve pas plus de fatigue, puisque, à l'exception de la compagnie d'extrême avant-garde, le
reste marche comme les soldats du gros de la colonne.

§ 5. — Règles de service.

AVANT-GARDE.

66. L'avant-garde est chargée de veiller à la sûreté de la colonne sur le front et sur les flancs, de prendre des informations, et d'opposer à l'ennemi une première résistance, pour
donner au corps principal le temps de passer de l'ordre de
marche à l'ordre de combat, ou de se retirer.

Au moyen de ses différentes fractions, l'avant-garde d'une
colonne pourvoit à la sûreté sur le front.

Par les patrouilles de flanqueurs et la reconnaissance des
routes latérales, elle protège contre les surprises les flancs de
la colonne et empêche aussi que de petits partis ennemis ne
l'inquiètent dans sa marche ou ne s'en approchent de trop près,
afin d'en découvrir la force.

67. Les fractions de l'extrême avant-garde doivent observer
les règles et prendre les précautions indiquées pour les patrouilles, soit lorsque la présence de l'ennemi est signalée, soit
pour prendre des informations.

68. L'avis de quelque chose de nouveau est porté par un soldat, comme il est dit pour les patrouilles, par écrit ou verbalement au chef du gros de l'avant-garde. Celui-ci, à son tour, si
ces avis intéressent la sûreté de la colonne entière, les envoie
de la même manière au commandant du corps principal.

69. Pour mieux diriger le service d'exploration et de reconnaissance, il est convenable qu'un officier marche avec l'ex-

trême avant-garde (même dans les colonnes d'une seule compagnie).

70. Les groupes faisant le service de flanqueurs marcheront dans l'ordre et d'après les règles indiqués pour la patrouille à laquelle correspond leur force, ou comme des soldats de pointe, s'ils sont de deux hommes seulement.

Si elles ont à signaler l'approche de l'ennemi ou quelque événement important, les patrouilles de flanqueurs enverront un soldat pour en donner avis au commandant de la fraction dont elles sont détachées, directement si une seule patrouille fait ce service, en le transmettant de patrouille en patrouille, s'il y en a plusieurs.

Reconnaissance des routes latérales.

71. Les petites patrouilles, qui, ainsi qu'on l'a dit, sont détachées de l'avant-garde pour reconnaître les routes ou sentiers se séparant du chemin parcouru par la colonne, observeront les règles suivantes :

Un des trois hommes de la patrouille s'arrête à la bifurcation, pour maintenir les deux éclaireurs en communication avec la colonne ou bien pour empêcher quelque fraction de cette dernière de dévier.

Les deux éclaireurs s'avancent sur la route latérale, en cherchant à dérober leur marche, si c'est possible; ils parcourent une distance telle que le temps de l'aller et du retour soit approximativement celui que doit employer la colonne pour défiler devant la bifurcation. Ainsi, les éclaireurs se porteront à 200 mètres, si c'est une compagnie; à 300, si c'est un bataillon, et à 400, si c'est un régiment.

Pour la cavalerie, ces distances seront augmentées de moitié.

Si les deux éclaireurs ne voient rien qui annonce la présence ou la proximité de l'ennemi, ils reviennent promptement en arrière.

Si, au contraire, ils ont découvert l'ennemi ou quelque indice qui en démontre la présence, ils doivent de suite avertir la colonne. A cet effet, s'ils voient qu'ils n'ont pas été aperçus, ils font au soldat resté à la bifurcation, le signal convenu d'avance pour ce cas, et se replient lentement et sans perdre l'ennemi de vue. Le soldat placé à la bifurcation en avertit de suite le premier officier de la colonne qu'il aperçoit. Celui-ci, sans rien attendre, dirige de ce côté son peloton, en le disposant de manière à reconnaître l'ennemi et protéger au besoin le flanc de la colonne; en même temps, il envoie prévenir de cette circonstance le commandant de la colonne. Si les éclaireurs s'aperçoivent qu'ils sont découverts par l'ennemi, ils font feu et se retirent. Le commandant du peloton, qui, à ce signal, se trouve le plus près du débouché de la route latérale, prend les dispositions indiquées pour le cas précédent.

72. Comme il est prescrit ci-dessus, les hommes envoyés en reconnaissance sur les routes latérales doivent, leur exploration faite, retourner par le même chemin à la bifurcation d'où ils sont partis, pour se réunir au soldat resté sur ce point. La patrouille entière suit alors en queue le gros de la colonne et rejoint, à la première halte, l'avant-garde dont elle a été détachée, à moins qu'il ne s'agisse d'une colonne, d'un régiment; dans ce cas, la patrouille reste en queue pendant toute la marche.

Cette prescription est faite pour éviter à ces sortes de patrouilles d'avoir à précipiter l'allure, et pour que leur passage continu à travers la colonne ne trouble pas l'ordre, chose essentielle entre toutes.

Naturellement, si les routes latérales à explorer ainsi sont très nombreuses, le peloton de l'extrême avant-garde finira par être très affaibli, et même par s'épuiser complètement pour passer tout entier en queue de la colonne.

Pour éviter cet affaiblissement exagéré du peloton d'avant-garde, le commandant de la colonne, si elle est d'une compagnie ou d'un bataillon, l'arrête exprès pour donner aux éclaireurs rassemblés en queue le temps de se reporter à l'avant-garde. Si, au contraire, la colonne en marche est un régiment, la compagnie, qui forme la tête d'avant garde, renforcera successivement par d'autres pelotons celui d'extrême avant-garde, qui continuera à fournir les éclaireurs jusqu'à épuisement complet.

Précisément en prévision de ce cas, on enverra, avec la première patrouille d'éclaireurs détachée du peloton d'avant-garde, un sous-officier, qui réunira à la queue de la colonne les patrouilles successives. Le chef de peloton s'arrêtera avec la dernière patrouille qu'il pourra fournir ; il arrivera ainsi à se trouver en queue avec tout son peloton réuni.

73. Si ces patrouilles sont fournies par de la cavalerie, elles exécutent cette opération au trot, et rejoignent à la même allure l'avant-garde qui les a détachées, sans attendre les haltes ou la fin de la marche, comme il est prescrit pour l'infanterie.

PASSAGE A TRAVERS LES BOIS, LES VILLAGES, LES VALLÉES, ETC.

74. Quand une colonne doit traverser des villages, des bois, des vallées, etc., l'extrême avant-garde suit les prescriptions données pour les patrouilles soit comme dispositions des troupes pour préparer le passage, soit comme précautions à prendre pour l'exécuter. Si cependant elle croyait n'être pas en force suffisante pour assurer le passage, elle s'arrêterait et attendrait le gros de l'avant-garde.

Lorsque l'avant-garde est engagée dans le passage de ces sortes de lieux, le commandant du corps principal, s'il n'entend pas le combat et s'il ne reçoit pas avis d'indices annonçant la présence de l'ennemi, doit faire continuer à sa colonne la marche dans l'ordre ordinaire, sans s'arrêter.

Il est indispensable que cette prescription soit toujours observée, parce qu'autrement la marche d'une colonne souffrirait de très-graves retards, spécialement dans des pays comme le nôtre, où les villages sont si souvent situés sur les routes principales.

75. S'il s'agit de passages étroits (comme sentiers, ponts, gués, etc.,) qui forcent la colonne à s'allonger, l'avant-garde, après avoir passé le défilé, ralentit la marche ou s'arrête en halte protégée, jusqu'à ce que la colonne ait passé et soit en état de reprendre sa marche dans l'ordre normal.

Quand ce sera possible, une colonne évitera de traverser les villages et les bois ; elle les tournera par l'extérieur. Cependant, avant de passer outre, on les fera explorer pour se préserver des embuscades que l'ennemi aurait pu y tendre.

Pour un bois qui n'a pas trop d'étendue et qu'il faut traverser, il sera toujours bon d'en faire éclairer les côtés extérieurs.

ARRIÈRE-GARDE.

76. Dans les marches en avant, l'arrière-garde n'a qu'une minime importance pour le service de sûreté de la colonne.

Elle est spécialement chargée du service de police et de la discipline de la marche.

Elle réunit les isolés et les malades, empêche les retardataires de rester en arrière en les obligeant, autant que possible, à poursuivre leur marche.

77. S'il s'agit d'une marche en retraite, l'arrière-garde est destinée à couvrir et à assurer les derrières de la colonne principale.

De même que sa force est égale à celle d'une avant-garde dans les marches en avant, de même aussi ses attributions sont analogues dans l'ordre inverse.

Le commandant d'une arrière-garde ne doit pas trop s'approcher de la colonne principale, parce que plus il en sera près, plus il lui sera difficile, en cas d'attaque, de donner au gros le temps d'effectuer sa retraite.

§ 6. — Groupes de liaison.

78. Dans les terrains très-accidentés, par des temps de brouillard et surtout la nuit, il peut se faire que les diverses parties d'une colonne se perdent de vue, et qu'ainsi la communication entre elles se trouve interrompue.

Pour éviter les inconvénients qui pourraient naître en pareil cas, dès que le commandant d'une fraction s'aperçoit qu'il a perdu de vue la fraction qui le précède dans l'ordre de marche, il ordonne à deux hommes d'accélérer le pas pour arriver à en voir la queue et à former un *groupe de liaison* entre les deux fractions.

Et successivement ainsi ce commandant détachera un autre groupe pour servir à relier sa fraction avec le groupe précédemment détaché, lorsque la distance qui les sépare devient trop considérable.

§ 7. — Halte protégée.

79. Lorsqu'une colonne doit interrompre sa marche, soit pour faire reposer les troupes, soit pour faire exécuter une reconnaissance de quelque durée dans des lieux suspects, ou pour quelque autre motif qui l'oblige à s'arrêter un certain temps, elle se dispose en *halte protégée (fig. 12).*

A cet effet, dans la marche en avant, le commandant de l'extrême avant-garde fait occuper, par de petites patrouilles ou par de petits postes, toutes les routes qui donnent accès sur le front, au moins jusqu'à 200 ou 300 mètres.

80. La surveillance de la route que doit parcourir la colonne est confiée à la pointe d'avant-garde.

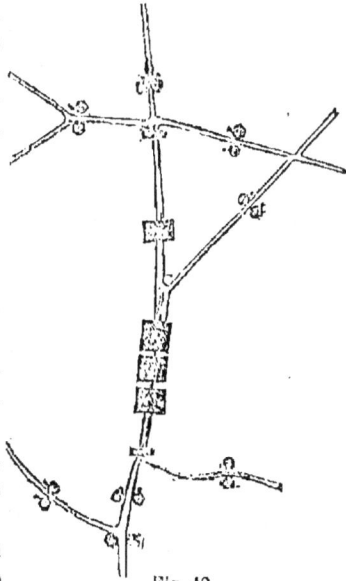

Fig. 12.

81. Les patrouilles de flanqueurs, s'il y en a eu de détachées pendant la marche, sont chargées de la sûreté des flancs.

Sinon le chef de l'extrême avant-garde fait occuper encore sur les côtés par des vedettes doubles, les points d'où les mouvements de l'ennemi pourront être aperçus.

82. Les patrouilles qui, durant la marche, sont en reconnaissance sur les routes latérales, au signal de halte protégée, soit qu'elles marchent encore en avant, soit qu'elles retournent en arrière, devront se porter sur des points d'où elles puissent voir mieux et plus loin la route, par exemple au delà d'un détour, sur des points culminants, etc.

Ces points ne doivent pas cependant être trop éloignés de la bifurcation, afin que les patrouilles puissent se maintenir en communication prompte et facile avec la colonne. Les points choisis pour rester en observation pendant la halte, peuvent généralement être à une distance de 200 à 300 mètres de la bifurcation.

83. Les vedettes, pendant la halte protégée, ne doivent pas être trop éloignées des fractions dont elles sont détachées, afin que les chefs de ces dernières puissent facilement les surveiller, et aller promptement s'assurer par eux-mêmes des faits qui leur seraient signalés.

84. L'arrière-garde complète la garde de la colonne, en détachant aussi des vedettes (doubles si c'est possible) sur les flancs et sur les derrières, pour surveiller les chemins par lesquels on pourrait craindre une surprise de l'ennemi.

85. Dans les haltes, pendant la marche en retraite, l'extrême arrière-garde et l'avant-garde doivent suivre les règles précédemment données pour les marches en avant.

86. Au signal de marche, les vedettes sont retirées; les patrouilles, envoyées comme renfort sur les routes latérales, rentrent à leur poste, et la marche est reprise dans le même ordre et avec les précautions ci-dessus prescrites.

§ 8. — Recommandations pour la nuit.

87. Les troupes de sûreté doivent, dans les marches de nuit, avoir la force prescrite pour les différentes colonnes dans la marche de jour.

Les distances entre les diverses fractions et entre ces dernières et les groupes de liaison sont plus ou moins diminuées suivant que la nuit est plus ou moins obscure.

Les soldats de pointe, les patrouilles et les groupes de flanqueurs ou en reconnaissance sur les routes latérales, observent toutes les précautions indiquées pour la marche des patrouilles de nuit (n° 46).

88. Pendant une halte protégée, les divers groupes des troupes de sûreté prendront les dispositions prescrites aux numéros 79 et suivants; ils ont soin, cependant, de se tenir plus rapprochés du centre de la fraction dont ils sont détachés et de ne pas s'éloigner des routes.

Les patrouilles qui, au moment de la halte, se trouveront en reconnaissance sur les routes latérales, seront toujours renforcées.

§ 9. — Comment doivent-être les armes des troupes de sûreté.

89. En principe, les troupes de sûreté ont les armes chargées. Les soldats de pointe d'avant-garde et les flanqueurs ont, comme on l'a indiqué pour les petites patrouilles, la baïonnette au canon pour l'infanterie, l'arme à feu au poing pour la cavalerie.

§ 10. — Rencontre de l'ennemi.

90. Le chef de l'avant-garde, à mesure qu'il avance, examine avec soin le terrain, pour savoir comment en tirer le meilleur parti possible pour l'offensive ou pour la défensive, en cas de rencontre de l'ennemi.

5

91. Lorsque l'extrême avant-garde d'une colonne en marche découvre l'ennemi et voit qu'il s'agit seulement de patrouilles ou de petits détachements, son chef prendra des dispositions analogues à celles qui ont été prescrites en parlant des patrouilles, numéros 50 et 51. On cherchera spécialement à les surprendre pour faire des prisonniers.

Si, au contraire, l'ennemi se présente en force et qu'on ne puisse éviter le combat, le chef de l'avant-garde, s'avançant jusqu'à l'extrême avant-garde, cherche à se former rapidement une idée des forces qui sont en face de lui et de leurs dispositions. En conséquence et suivant les conditions du terrain, il détermine de suite la manière de placer ses troupes en ordre de combat; il tient, bien entendu, compte des forces dont il dispose et de celles dont il peut attendre un appui plus ou moins immédiat.

Pendant qu'il presse l'exécution des dispositions qu'il a arrêtées, il envoie en toute hâte l'avis de sa rencontre avec l'ennemi au commandant de la colonne, conformément aux moyens prescrits au numéro 68; il l'informe spécialement de l'espèce des forces qu'il croit avoir devant lui.

92. Le chef de l'arrière-garde suit les mêmes règles, quand une colonne en retraite est poursuivie par l'ennemi.

Dans la retraite, il arrive quelquefois que l'arrière-garde a pour mission de soutenir seule le choc de l'ennemi, et de le maintenir même au prix des plus grands sacrifices, pendant tout le temps nécessaire à la colonne pour se mettre en sûreté. C'est surtout dans ce cas, que le commandant de l'arrière-garde doit montrer la plus grande fermeté et employer toute son habileté à profiter du terrain pour se défendre.

§ 11. — Marche d'une colonne, quelle que soit sa force.

93. Les mesures de sûreté pour la marche des détachements, dont il n'a pas été parlé précédemment dans cette *Instruction*, comme ceux de 2 ou 3 bataillons, de 2 ou 3 escadrons,

seront analogues a celles qui ont été établies pour l'unité, dont ils se rapprochent le plus; il faudra avoir soin de proportionner la force et la distance de chaque fraction des troupes de sûreté avec la force du corps principal.

94. Pour une brigade, pour une division ou, en général, pour une colonne composée des différentes armes, la force et la composition de l'avant-garde, comme aussi la distance de celle-ci au gros de la colonne, sont déterminées d'après l'appréciation du chef.

S'il y a, avec l'avant-garde, de la cavalerie, celle-ci doit, en principe, marcher avec le gros de l'avant-garde, ordinairement derrière lui. L'artillerie, au contraire, quand il y en a, marche en tête du gros de l'avant-garde.

Si l'on a peu de cavalerie, il est de règle de ne l'employer ni à l'extrême avant-garde, ni en flanqueurs; il vaut mieux la garder pour lui faire exécuter rapidement les reconnaissances particulières, qu'il peut y avoir à faire pendant la marche et pour porter au gros les avis de l'avant-garde; elle peut aussi fournir de petites colonnes flanquantes à une distance considérable, là où on les croit nécessaires.

95. Quand les fractions de la brigade ou de la division marchent immédiatement l'une après l'autre, l'avant-garde assure les flancs de toute la colonne, et les patrouilles détachées en éclaireurs sur les routes latérales doivent aller à 500 mètres, et s'arrêter à cette distance, afin que le soldat, resté à la bifurcation, puisse, par un signal convenu, les avertir de retourner en arrière, quand la colonne a presque entièrement défilé.

Les voitures se tiennent derrière le gros de la colonne, entre celle ci et l'arrière-garde, à moins que, pour des raisons inhérentes à la nature de la route et à la rapidité de la marche, il ne convienne de les faire suivre en arrière à une distance de deux kilomètres ou plus.

96. De même, l'arrière-garde fait le service de police et de discipline pour les troupes de la colonne entière.

97. Si les régiments ou les unités constituant la colonne mar-

chent à plusieurs kilomètres les uns des autres, chacun fournira son avant-garde et son arrière-garde. Pourtant, alors que le premier régiment devra veiller à sa sûreté avec les forces et les précautions prescrites pour un régiment isolé, les autres pourront limiter leur avant-garde même à une seule compagnie, qui aura la mission spéciale d'assurer les flancs soit avec des patrouilles de flanqueurs, soit avec des patrouilles envoyées en reconnaissance sur les routes latérales. Celles qu'aura détachées pour ce service l'avant-garde du premier régiment devront aller se placer à la suite de ce dernier, sans attendre que le reste de la colonne soit passé.

§ 12. — Colonnes de flanqueurs.

98. Il arrive quelquefois, surtout dans les pays de plaine très-cultivés et très-habités, qu'il existe plusieurs routes à peu de distance les unes des autres, et allant toutes à peu près dans la même direction.

Dans ce cas, il est utile de détacher sur les routes parallèles à celle que parcourt le corps principal, des colonnes, qui servent à le flanquer pendant la marche.

99. Il ne faut pas confondre ces colonnes avec les détachements de flanqueurs dont on a déjà parlé. Pendant que ceux-ci doivent rester, ainsi qu'on l'a dit, en communication constante avec l'avant-garde, et marcher à sa hauteur, les colonnes de flanqueurs sont indépendantes et marchent comme des corps isolés, assurant elles-mêmes leur front et leurs flancs.

100. Suivant que la mission de ces colonnes présente plus ou moins de danger, le commandant du corps principal y affecte des fractions de troupe plus ou moins grandes ; un peloton ou une compagnie, pour un régiment, et même des détachements plus forts, pour une brigade ou une division.

101. Ces colonnes flanquantes doivent pendant la marche observer toutes les règles indiquées pour les fractions de troupes isolées à la force desquelles elles correspondent.

102. Si elles découvrent des indices de la présence de l'ennemi, elles prennent la position la plus favorable pour s'opposer à sa marche, et le chef envoie par un ou plusieurs soldats (mais en ce cas par des routes différentes) un rapport succinct au commandant du corps principal.

Il faut qu'entre les routes suivies par les colonnes flanquantes et celle que parcourt le corps principal, il ne se trouve pas d'obstacles insurmontables, afin qu'au besoin elles puissent communiquer sans trop de difficulté.

S'il existait des obstacles insurmontables, le terrain lui-même servirait à protéger la marche de la colonne sur ses flancs, et l'ennemi n'oserait pas s'avancer, au point de s'exposer à se trouver pris au milieu de nos forces.

103. On emploie spécialement les colonnes flanquantes dans les marches de flanc ; elles sont même dans ce cas indispensables et on les envoie du côté de l'ennemi seulement.

CHAPITRE IV.

DES AVANT — POSTES.

(A) *Généralités et dispositions normales.*

§ 1er. — Objet des avant-postes ; définitions.

104. Les *avant-postes*, par rapport à la troupe à laquelle ils appartiennent, ont un double objet :

(*a*) La prémunir contre les attaques imprévues de l'ennemi, soit en l'avertissant à temps des mouvements offensifs, soit en opposant une première résistance et en donnant ainsi au gros de la troupe, la facilité ou de se préparer au combat ou de se mettre en mesure de l'éviter, suivant le meilleur parti à prendre.

(*b*) La tenir informée des positions, des mouvements et des intentions de l'ennemi, et empêcher l'espionnage.

105. Pour remplir le premier but, toute troupe arrêtée met

entre elle et l'ennemi des détachements de sûreté, *grand'gardes* et *réserves d'avant-postes* de force convenable, pour garder les parties de terrain par où elle pourrait être attaquée. Ces détachements, à leur tour, détachent en avant d'eux des groupes d'hommes (*petits postes*), pour observer attentivement tous les chemins par lesquels l'ennemi peut arriver, afin de voir et de signaler à temps son approche.

Pour remplir le deuxième but, les petits postes observent, s'ils sont à portée, les positions et les mouvements de l'ennemi, empêchent ses patrouilles de s'approcher pour faire des reconnaissances, et ne laissent pas traverser leur propre ligne par des gens, qui pourraient être des espions. A cet effet, le service des petits postes est complété au besoin par des *postes d'avis* et des *patrouilles*, comme il sera dit plus loin.

§ 2. — Dispositions normales.

106. Ordinairement un système d'avant-postes est formé de 3 lignes.

1° *Petits postes*: pour observer.

2° *Grand'gardes*: pour opposer la première résistance et pour protéger les petits postes et les relever.

3° *Réserve d'avant-postes*: pour renforcer la résistance des grand'gardes.

107. Les avant-postes se placent sur le front de la troupe à couvrir et s'étendent sur les flancs, s'ils ne sont pas appuyés à des obstacles insurmontables ou à un autre corps de troupe.

108. Quand il s'agit pourtant d'un corps détaché, qui opère isolément en terrain ennemi, les avant-postes l'entourent entièrement, parce qu'il peut être attaqué et surpris de tous côtés.

109. Il est évident que les troupes en seconde ligne ne placent pas d'avant-postes, excepté sur les flancs, s'ils sont exposés.

§ 3. — Distances et intervalles.

110. La distance des avant-postes à la troupe qu'ils couvrent est déterminée d'après les bases suivantes :

Les petits postes doivent être poussés assez en avant pour qu'ils puissent découvrir l'ennemi qui attaque, et l'annoncer aux grand'gardes, à la réserve et au corps principal, assez à temps pour permettre à ceux-ci de se mettre sur la défensive, sans précipitation, ce qui est toujours nuisible.

La distance des grand'gardes et des réserves au gros de la troupe doit être telle, que la durée de leur résistance permette au corps principal de lever le camp et de se préparer au combat, et qu'en même temps elles ne courent pas trop risque d'être écrasées et enveloppées, avant d'avoir ou opéré leur retraite sur le corps principal, ou pu en recevoir des renforts suffisants. Il s'ensuit que cette distance est proportionnelle à la force des avant-postes et à celle du corps principal.

111. La distance entre la ligne des petits postes et la réserve dépend essentiellement de leurs devoirs respectifs et du terrain, puisqu'ils doivent être placés dans la meilleure position, les premiers pour *voir*, et la seconde pour *servir de soutien*. Il faut que la réserve soit en mesure d'appuyer assez promptement les grand'gardes, pour qu'elles ne soient pas forcées de se retirer précipitamment, si elles ne veulent être écrasées et enveloppées.

Les grand'gardes, comme soutiens immédiats des petits postes, doivent être à portée de les voir ou au moins de communiquer rapidement avec eux.

112. Ceci posé comme indication générale, on peut dire qu'une division aura :

(*a*) La réserve d'avant-postes, à 2 kilomètres environ de son propre camp.

(*b*) Les grand'gardes, de 1500 à 2000 mètres, en avant de la réserve.

(c) Les petits postes, de 300 à 500 mètres des grand'gardes.

113. Les intervalles entre les petits postes doivent être assez resserrés pour que le terrain en avant soit observé sans lacune, mais non d'une façon excessive, afin de pas employer et de ne pas fatiguer à ce service plus de troupes qu'il n'est nécessaire. Et comme règle générale, on peut établir que ces intervalles sont de 300 à 500 mètres, comme les distances entre les grand'gardes et les petits postes.

114. Les intervalles entre les grand'gardes dépendent du nombre de petits postes que fournit chacune d'elles et des intervalles entre les petits postes. Généralement, elles sont séparées les unes des autres par 1000 ou 1500 mètres.

§ 4. — Force et espèce de troupes.

115. La force à mettre en avant-postes dépend d'une infinité de circonstances de temps, de lieu, etc., mais surtout de l'extension de la ligne que doivent embrasser les petits postes, et du degré de résistance que les avant-postes doivent pouvoir opposer.

Comme simple règle, on peut retenir qu'une division appuyée à deux autres divisions détache en avant-postes deux bataillons, c'est-à-dire un *sixième* de son infanterie de ligne; si elle est à une aile, il faudra peut-être 3 bataillons, et 4 si elle est isolée.

Il faut toujours avoir présent à l'esprit que, si la force à donner aux avant-postes doit être suffisante, il ne faut pas cependant qu'elle excède le nécessaire, d'abord parce que ce service (surtout celui des grand'gardes) est fatigant, ensuite parce que les jours de combat, il n'est pas toujours facile de rallier promptement à leurs divisions et à leurs corps les détachements qui se trouvent aux avant-postes, et qu'il y a là une cause d'affaiblissement, juste au moment où chaque corps a un besoin absolu d'avoir son effectif maximum de combattants.

116. Les petits postes se composent de 3 ou 4 hommes et d'un chef de poste, et comme ordinairement les hommes ne doivent pas être employés dans ce service pénible plus de 8 heures sur 24, il s'ensuit que la force à donner à une grand'garde (les petits postes compris) doit être au moins trois fois celle qui est nécessaire aux petits postes.

117. La configuration du terrain décide ordinairement du nombre de petits postes que chaque grand'garde doit détacher; mais une grand'garde peut difficilement en fournir plus de quatre.

118. Les avant-postes d'une division ne doivent pas se composer de détachements mêlés de différents corps ni de fractions de corps, mais d'une troupe appartenant au même corps ou d'une fraction de corps. Ainsi, les réserves seront formées de bataillons entiers ou de demi-bataillons; les grand'gardes de compagnies entières, de demi-compagnies, ou de pelotons.

119. Les avant-postes sont ordinairement fournis par l'infanterie, non-seulement parce que celle-ci est plus propre à ce service en tout temps et en tout lieu, mais encore pour le motif indiqué au n° 94.

120. Cependant il est souvent utile de mettre à la réserve des avant-postes un peloton de cavalerie qu'on emploie pour les postes d'avis et pour les patrouilles à distance; en tout cas, il est bon que les chefs des avant-postes aient à leur disposition quelques cavaliers pour la transmission rapide des avis et des ordres.

121. La réserve d'avant-postes peut avoir, le jour surtout, un nombre de pièces d'artillerie proportionné à l'importance de la position qu'elle occupe.

Il peut être avantageux de mettre quelques bouches à feu avec une grand'garde, par exemple quand il s'agit de battre un débouché bien déterminé.

122. La force des avant-postes et, en général, leur placement

sont déterminés par le commandant du corps de troupe, que les avant-postes doivent couvrir.

§ 5. — Commandement des avant-postes.

123. Le commandant de l'unité de force mise aux avant-postes devient naturellement chef des avant-postes et il s'établit à la réserve où doivent arriver tous les rapports et tous les avis des grand'gardes, et d'où doivent partir tous les ordres

124. Si cependant, par suite de la nature du terrain, le commandant des avant-postes ne pouvait pas étendre son action, sa vigilance et son commandement sur toute la ligne, il se contenterait de l'exercer sur la zone la plus étendue. Dans les autres parties, qu'on devra alors considérer comme formant un système à part, l'officier présent le plus élevé en grade prendra le commandement. Cette disposition exceptionnelle devra être ordonnée ou au moins approuvée par le commandant du corps de troupes que les avant-postes ont à couvrir.

§ 6. — Modifications.

125. Par ce qui vient d'être dit jusqu'ici, on comprend comment les termes principaux du problème des avant-postes sont la distance de la ligne d'observation au corps principal et la force de la ligne de sûreté, et aussi comment la solution dépend de la juste combinaison de ces termes. Cependant, comme éléments de calcul et termes complémentaires, il faut ajouter la nature du terrain, la forme et l'extension de la position occupée par le corps principal, le temps présumable qu'il doit y rester, l'état moral des belligérants, la distance qui les sépare, l'espèce d'opérations qu'on exécute ou qu'on projette, et beaucoup d'autres circonstances et éventualités.

Il s'ensuit que, sur un sujet si complexe, il n'est pas possible de donner des règles pour chaque cas, mais bien seulement d'établir quelques principes, particulièrement en ce qui concerne la forme, l'ordre et l'ensemble du système. Il faut donc regarder cette *Instruction* comme donnant, non pas des règles absolues, mais des principes généraux, qu'on suivra dans la plupart des cas et que peut modifier le chef, suivant les événements, et d'après ses idées, et cela, comme il a déjà été dit dans *les préliminaires.*

126. Il y a à faire une modification assez notable au système régulier, quand il s'agit des avant-postes que place un corps, pour veiller à sa sûreté, pendant les haltes qu'il fait, dans le but de se reposer, après une journée de marche ou de combat, et avec l'intention de reprendre son mouvement ou de changer de position le lendemain.

Dans ce cas, l'ennemi aura difficilement le temps et la possibilité de bien étudier nos dispositions, et de faire une tentative de quelque importance, si ce n'est par les chemins battus.

Il suffit alors de garder ces chemins, et il n'y aura pas grand inconvénient à ce que les *avant-postes de marche* ne soient pas dans toutes leurs parties aussi bien coordonnés que les avant-postes réguliers, ainsi que cela est nécessaire quand il s'agit d'un séjour prolongé ou regardé comme tel. On indiquera plus tard les particularités applicables *aux avant-postes de marche.*

(ɒ) *Service des différentes fractions des avant-postes.*

§ 7. — Petits postes.

127. Le service des petits postes, comme on l'a dit, consiste à *voir* tout ce qui se passe dans l'espace de terrain confié à leur garde.

Cette surveillance est surtout exercée par un homme en sentinelle, pendant que les autres se tiennent cachés et se reposent. Ils se remplacent de temps à autre.

Si, à cause de la position ou pour d'autres circonstances, un homme seul en vedette ne suffit pas, on en met deux, qui regardent le premier dans une direction, et le second dans une autre.

128. Les vedettes doivent être placées de manière à voir et à entendre aussi loin et le mieux qu'elles peuvent, tout en restant néanmoins cachées autant que possible à l'ennemi.

Cependant, si, sur les points où doivent, pour ces motifs, se tenir les vedettes, les autres hommes du petit poste ne trouvent pas le moyen de se cacher, ils pourront s'en éloigner au besoin, mais jamais à une distance de plus de 20 à 30 mètres; ils doivent toujours voir la vedette.

129. Les hommes des petits postes peuvent déposer le sac; et, à l'exception des vedettes, même le fusil : ils ne doivent pas établir leur tente, allumer du feu, faire de bruit, ni s'éloigner de leur poste. Suivant le cas, la nourriture leur est portée de la grand'garde, ou bien ils attendent, pour manger, qu'ils soient relevés.

130. Les vedettes doivent constamment regarder et écouter dans la direction que le chef de poste leur a indiquée, sur les chemins surtout, et signaler tout indice qui pourrait annoncer l'approche de l'ennemi (1). Il leur est défendu, pour ce motif, de relever le collet de l'habit, ou de se couvrir de quoi que ce soit pouvant gêner la vue ou l'ouïe; elles doivent se tenir immobiles; cette dernière condition étant nécessaire pour rester inaperçu de l'ennemi.

131. Le chef de poste est d'une manière toute particulière responsable de la vigilance de son groupe. Dès lors, il ne sera pas seulement attentif à vérifier ce que lui signalera la sentinelle; mais souvent il se placera lui-même en observation, pour s'assurer que rien ne lui échappe.

(1) Nuages de poussière sur les routes, scintillement d'armes, etc., pendant le jour; roulements prolongés de voitures, bruits de pieds de chevaux, etc., pendant la nuit. Si l'on est à portée d'une voie ferrée, de manière à en entendre et à en voir le mouvement, on doit chercher à savoir si, du bruit des trains et des sifflets des locomotives, on peut conclure qu'il y a sur la ligne un mouvement plus grand que d'habitude.

132. Si la vedette découvre un indice de l'approche de l'ennemi, le chef de poste ne doit pas s'en rapporter *à priori* à cet avis, mais il doit constater lui-même le fait pour ne pas s'exposer à donner d'inutiles alertes.

133. Si l'ennemi s'approche réellement, le chef de poste en donne immédiatement avis à la grand'garde : par le signal convenu, dans le cas où le poste est en communication avec elle *par la vue ou l'ouïe*, ou, dans le cas contraire, en lui envoyant un soldat.

Le chef du petit poste cherche pendant ce temps à découvrir si l'ennemi est en force, s'il s'avance pour attaquer, ou seulement pour faire une reconnaissance. S'agit-il de forces auxquelles le petit poste ne peut tenir tête, à moins d'ordre contraire, il se retire sur la grand'garde ou sur le petit poste voisin, sans jamais cependant perdre l'ennemi de vue.

Si ce n'est qu'une petite patrouille, c'est à la sagacité du chef de poste de décider s'il vaut mieux, se retirer, se cacher pour la laisser passer, ou chercher à l'attirer dans une embuscade.

Le petit poste ne doit faire feu que s'il est sûr d'avoir été découvert, et que si, l'ennemi s'avançant menaçant, il n'a pas d'autre manière d'en avertir la grand'garde. Naturellement, si l'ennemi fait feu et est à portée convenable, le petit poste doit lui repondre.

Si l'on tire des coups de feu, on doit toujours envoyer quelqu'un en arrière, pour en expliquer la raison, afin qu'ils ne puissent être regardés comme des signaux d'alerte, que lorsqu'ils le sont en réalité.

134. Si des soldats ennemis se présentent, et, manifestant l'intention de déserter, s'arrêtent à distance, on leur fait déposer les armes et on avertit la grand'garde de les envoyer prendre.

135. Si un parlementaire s'annonce par les formalités d'usage, c'est-à-dire, avec un drapeau blanc et au son de la trompette ou du tambour, le chef de poste lui enjoint de s'arrêter à 200 mètres environ du poste ; il en donne avis à la

grand'garde, dont le commandant vient immédiatement en personne recevoir le parlementaire.

136. Comme on l'a dit déjà, personne ne doit traverser la ligne des petits postes, sans être *reconnu* au préalable.

Pour cette reconnaissance, on observe les prescriptions et les règles données au chapitre Ier. Cependant, comme les petits postes ne doivent pas être distraits de leur service particulier, toutes les fois que se présentent des personnes dont l'identité ne peut de suite être constatée, et qui semblent suspectes, on en avertit le chef de la grand'garde, qui les envoie prendre pour les reconnaître lui-même.

137. Soit pour ne pas occuper tous les petits postes à des reconnaissances incessantes, soit surtout pour que ces reconnaissances puissent être mieux faites, il est utile d'établir que, pour franchir, en allant ou venant, la ligne des avant-postes, on devra passer par les routes principales sur lesquelles sont placées les grand'gardes. Sur ces routes mêmes, on place un petit poste un peu plus fort que les autres (*poste de reconnaissance*) (1); il est commandé par un sous-officier et même par un officier, suivant l'importance du passage, et il fait toutes ces reconnaissances.

Dès lors, à moins d'un ordre particulier du chef de la grand'garde, les autres petits postes ne laissent plus passer la ligne qu'aux patrouilles et aux autres détachements armés qui ont à sortir. Toute autre personne qui se présente pour entrer ou pour sortir est envoyée à *ces postes de reconnaissance*. Il en est de même pour les déserteurs et les parlementaires.

138. Les petits postes sont relevés par les grand'gardes toutes les 4 ou toutes les 6 heures, suivant que le chef de la grand'garde le juge convenable. Pendant la nuit cependant, ils ne doivent pas être changés, soit parce que c'est l'occasion

(1) Il est entendu que le mot de *reconnaissance* (riconoscimento), n'a pas ici son sens le plus usuel (*esplorazione, avanscoperta*). (Note des traducteurs.)

d'un désordre momentané, soit, surtout, parce que celui qui doit occuper de nuit un poste et observer un terrain inconnu, ne peut que mal faire ce service. Par suite, les petits postes, de service de nuit, se rendront à leur place au coucher du soleil; et y resteront jusqu'au matin.

Pour ne pas rendre le service trop pénible, la nuit, les petits postes pourront se composer d'un plus grand nombre de soldats (de 5 à 8).

Le changement des petits postes se fait en silence, et autant que possible, à l'insu de l'ennemi.

139. Les petits postes de cavalerie mettront pied à terre ; mais les chevaux seront toujours prêts à être montés. Les vedettes mêmes seront ordinairement à pied pour être moins visibles.

§ 8. — Grand'gardes.

140. Les grand'gardes ayant pour devoir de présenter une première résistance, il convient de les placer, autant que possible, dans des lieux favorables à la défense, et surtout à l'abri de la vue de l'ennemi. Elles s'établissent presque toujours sur les communications, non sur la route même, mais très près sur les côtés, et, si c'est possible, derrière un couvert.

141. La troupe dépose le sac et les armes, elle fait la soupe, elle peut planter ses tentes ou s'établir sous des hangars ou des porches, et se reposer, mais personne ne doit s'éloigner, si ce n'est pour le service.

142. Un poste particulier (8 à 10 hommes) commandé par un officier, sert comme de garde du camp, et place une, deux ou trois vedettes, pour observer les signaux des petits postes. C'est là que se dirigent tous ceux qui ont à s'adresser au chef de la grand'garde. Les hommes de ce poste, excepté, bien entendu, les vedettes, ont les armes aux faisceaux, mais ne peuvent s'éloigner, puisque c'est parmi eux que l'on prend ceux qu'on envoie aux petits postes porter des ordres, recevoir des déserteurs, etc.

143. Le commandant de la grand'garde est responsable du ser-

vice des avant-postes, dans la partie du terrain confiée à sa garde. En conséquence, avant d'être détaché de la réserve, il recevra les consignes nécessaires et les instructions du chef des avant-postes dont il dépend, et à qui il doit envoyer tous ses rapports.

144. En se rendant à son poste, il observe les règles de marches prescrites.

S'il s'agit d'un premier placement (c'est-à-dire si l'on ne va pas relever une troupe déjà en grand'garde), le commandant de la grand'garde, en arrivant à son poste, dispose sa troupe en halte protégée, et reconnaît rapidement les lieux, pour bien s'orienter dans la zone de terrain qui lui est confiée, en vérifier les différentes communications, et fixer la situation précise à donner à la grand'garde ou aux autres petits postes. Il envoie les petits postes sur le terrain qui leur est destiné et détache en même temps quelques patrouilles, les unes pour explorer le terrain du côté de l'ennemi, et autant que possible jusqu'à 1000 mètres de la ligne des petits postes ; les autres, pour se mettre en communication avec les grand'gardes voisines.

La grand'garde reste sous les armes jusqu'à ce que les petits postes soient établis.

Au retour des patrouilles, le commandant de la grand'garde rend compte succinctement par écrit au commandant des avant-postes, que le service est assuré et comment il l'est.

145. Le commandant de la grand'garde doit exercer une incessante surveillance sur tout le service qui dépend de lui, soit par des inspections personnelles fréquentes, soit par des rondes qu'il fait faire par des officiers et des sous-officiers.

146. Il est de principe que personne ne doit sortir des avant-postes, sans auparavant se présenter au commandant de la grand'garde, et que, de même, personne ne peut entrer sans que ce même commandant n'en soit informé.

Par suite les officiers et les détachements, qui ont à passer la ligne des avant-postes pour faire un service, se présentent au commandant de la grand'garde de la zone, par laquelle ils veulent sortir, afin de s'en faire reconnaître. Celui-ci les fait ordinai-

rement accompagner jusqu'au petit poste par un homme
chargé de communiquer l'ordre de laisser passer.

Les autres personnes doivent présenter au commandant de
la grand'garde leur *laissez-passer* ou leur ordre de service, dé-
livré par le commandant des avant-postes, par un général de
division, ou par l'autorité militaire supérieure. Après avoir
vérifié la pièce, le commandant de la grand'garde fait accompagner le porteur au petit poste par lequel il doit sortir.

147. Comme on l'a dit précédemment, les détachements et
les personnes qui viennent du dehors doivent être reconnus
par la grand'garde. Le commandant de cette dernière leur fait
toutes les questions qu'il croit utiles, soit pour constater leur
identité, soit pour recueillir des informations sur l'ennemi.

148. En principe, il est prescrit que les bourgeois qui se
présentent pour sortir, sans être munis d'un laissez-passer, doivent être renvoyés en arrière; quant à ceux qui se présentent
pour entrer sans laissez-passer, il appartient au commandant
de la grand'garde d'autoriser ou non leur passage, suivant les
circonstances, et les ordres donnés par le commandant des
avant-postes. Il ne faut pas, en général, repousser ceux qui
viennent du côté de l'ennemi, parce que c'est par eux qu'il est
le plus facile d'obtenir des renseignements, et que, d'autre
part, en les renvoyant, après qu'ils ont pris connaissance de
la position de nos avant-postes, ils pourraient la révéler à
l'ennemi.

En tout cas, les bourgeois qui se présentent sans laissez-
passer, et à qui le commandant de la grand'garde accorde
l'entrée, doivent être conduits au commandant des avant-
postes, pour qu'il puisse les interroger à son tour.

149. Les commandants de grand'gardes ne doivent pas interpréter les prescriptions contenues dans les trois numéros
précédents de manière à vexer, par des formalités rigou-
reuses, spécialement les officiers et les détachements de troupes
qui se présentent pour entrer ou pour sortir, ce qui leur serait

perdre du temps, alors qu'ils peuvent être chargés de missions urgentes.

Ce service, bien que fait avec prudence et sagacité, doit surtout l'être avec jugement, et en s'attachant plus à l'esprit qu'à la lettre de ces règles.

150. Toutes les fois qu'un petit poste signale l'approche ou des mouvements de l'ennemi, le commandant de la grand'garde envoie au petit poste un officier ou un sous-officier, pour vérifier le renseignement reçu et juger de son importance, et, s'il le faut, il envoie au besoin une petite patrouille, qui s'avance à la découverte dans la direction indiquée.

151. Le commandant de la grand'garde prendra toute espèce de soins pour éviter les fausses alertes : aussi, avant de donner avis au commandant des avant-postes que l'ennemi s'approche, devra-t-il être bien sûr qu'il en est ainsi, et qu'il s'agit d'un corps considérable (non d'une patrouille) ou d'une force telle que la grand'garde ne puisse raisonnablement se mesurer avec lui.

Dans le même but, si l'on tire aux avant-postes par erreur, ou contre un soldat ennemi isolé, le commandant de la grand'garde, après avoir fait rapidement vérifier le fait, en informe promptement le commandant des avant-postes.

152. En cas d'attaque de l'ennemi, le commandant de la grand'garde opère d'après les circonstances, les instructions qu'il a reçues, ou les ordres que lui donne le commandant des avant-postes.

153. Les déserteurs ennemis, après que le commandant de la grand'garde les a interrogés pour en obtenir des renseignements, sont conduits, sans escorte, au commandant des avant-postes.

154. Quand un parlementaire est annoncé, le commandant de la grand'garde se porte à sa rencontre jusqu'au point où il s'est arrêté (n° 135.)

Si le parlementaire n'a qu'un pli à remettre, le commandant de la grand'garde le prend et lui en donne un reçu.

Si, au contraire, le parlementaire déclare qu'il a à faire des communications verbales au commandant de la division, ou à une autorité plus élevée, le commandant de la grand'garde le fait accompagner, les yeux bandés, près du commandant des avant-postes, par un officier de la grand'garde, ou, à défaut d'officiers, par un sous-officier.

Le commandant des avant-postes envoie ensuite le parlementaire au chef auquel il veut parler, toujours sous l'escorte d'un officier, et en voiture, si c'est possible. Le tambour ou le trompette qui aura accompagné le parlementaire sera retenu au petit poste.

À son retour, le parlementaire est reconduit jusqu'au petit poste par où il est entré, toujours avec les mêmes précautions, c'est-à-dire accompagné et les yeux bandés.

155. Le service d'une grand'garde dure ordinairement 24 heures, après lesquelles elle est relevée ou par la réserve d'avant-postes ou par une troupe destinée aux avant-postes par le corps principal.

156. Le commandant de la grand'garde, avant de détacher ses petits postes, conviendra avec eux de signaux particuliers pour correspondre et donner les informations importantes et urgentes (1) ; ce seront : le jour des signaux perceptibles à la vue, la nuit, à l'ouïe, c'est-à-dire, sifflets ou cris particuliers.

157. Dans les grand'gardes de cavalerie, les hommes mettent pied à terre, mais les chevaux sont tenus sellés et bridés, de manière qu'ils puissent être montés sur le champ.

Il faut dès lors que ces grand'gardes soient changées toutes les 8 heures au plus, afin que les chevaux puissent boire et manger.

(1) *Signaux principaux :* Indice de l'approche de l'ennemi (en indiquant de quel côté de l'horizon). — Ennemi sûrement en vue (de quel côté); nombreux ou non. — Mouvements dans les positions ennemies. — Homme à changer au petit poste, etc. (Celui qui reçoit le signal doit le répéter pour montrer qu'il l'a compris.)

Si pourtant l'ennemi n'est pas rapproché au point de pouvoir,
d'un moment à l'autre, attaquer à l'improviste, la moitié des
chevaux, à la fois, sont dessanglés légèrement et débridés pour
recevoir leur nourriture et être abreuvés; dans ce cas, la même
troupe peut être 24 heures de grand'garde.

§ 9. — Réserve des avant-postes.

158. La réserve des avant-postes est établie sur un point,
autant que possible, central par rapport à la ligne des grand'-
gardes qu'elle soutient, et, en même temps, tel qu'il y ait une
position favorable à la défense dans le camp même de la réserve, ou à peu de distance. Généralement elle se place près de
la route principale, par laquelle peut venir l'ennemi.

La troupe établit son camp, exactement comme si elle n'était
pas d'avant-postes ; seulement, il est prescrit aux officiers et
aux soldats de ne pas s'éloigner, afin d'être prêts à prendre les
armes à la première alerte.

159. La garde du camp de la réserve place quelques sentinelles
aux entrées du camp, pour qu'elles puissent par leurs indications diriger plus promptement sur le point où s'est établi le
commandant des avant-postes, ceux qui portent des ordres ou
des avis.

160. La nuit, quand on est très-près de l'ennemi, pour assurer les soldats contre de fausses alertes, il peut être utile de
mettre autour du camp, à 200 ou 300 mètres de distance, quelques petits postes de 3 ou 4 hommes.

161. La réserve attendra pour camper que les grand'gardes
soient établies à leurs postes, et, pendant ce temps, elle sera en
halte protégée.

§ 10. — Devoirs du commandant des avant-postes.

162. Le commandant des avant-postes est responsable de
tout le service des avant-postes, et dépend directement du com-

mandant de la division à laquelle ils appartiennent. Il pare à toutes les éventualités de sa propre initiative et selon son propre jugement.

163. S'il s'agit de placer les avant-postes pour la première fois, le commandant de la division donnera à l'officier, chef des avant-postes, et avant le départ de cet officier, les indications générales nécessaires, sur la ligne à occuper par les petits postes, sur la place de la réserve, et enfin toutes les instructions qu'il croira utiles.

En arrivant sur l'emplacement que doit occuper la réserve, ou chemin faisant, le commandant des avant-postes détache les grand'gardes, montre à chacune le point sur lequel elle doit se porter, et la route à suivre; il donne à tous les commandants de grand'gardes les indications convenables sur l'établissement des petits postes, sur la manière de les relier, sur la conduite à tenir en cas d'attaque, sur les voies de retraite, etc.

Aussitôt qu'il a appris que les grand'gardes sont arrivées à leurs postes, le commandant des avant-postes en rend compte au commandant de la division; il va les visiter pour vérifier leur position et celle des petits postes, et aussi pour examiner attentivement le terrain sur lequel il peut avoir à combattre.

Quand il a fini son inspection, il rend compte au commandant de la division que les avant-postes sont placés et comment ils le sont; il précise bien la ligne des petits postes et les points qu'occupent les grand'gardes et la réserve.

164. Si, au contraire, il s'agit de relever les avant-postes, la troupe montante doit occuper les mêmes points que la troupe descendante.

Cependant le commandant des avant-postes et ceux des grand'gardes ont, dans le rayon de leur commandement, la faculté de faire les légères modifications qu'ils croient nécessaires, en les indiquant toutefois dans leur rapport d'arrivée.

Le commandant des avant-postes doit également faire la visite et le rapport dont il est question au numéro précédent.

165. Au moyen de tous les rapports qu'il reçoit des grand'-gardes et des patrouilles envoyées par lui en reconnaissance et d'après les réponses des prisonniers et des voyageurs, le commandant des avant-postes peut sans trop de difficulté se former une idée de la position et de la force de l'ennemi qu'il a devant lui.

Suivant que les nouvelles qu'il recueille lui semblent plus ou moins importantes et qu'elles réclament l'urgence, il les fait connaître au commandant de la division par un message spécial, ou quand il a à faire d'autres communications.

166. Il peut arriver que le front à couvrir par les avant-postes soit si étendu qu'un seul centre de commandement et qu'une seule réserve ne suffisent pas ; c'est ce qui a lieu quand plusieurs divisions sont campées sur la même ligne. En pareil cas, les différents commandants d'avant-postes seront indépendants les uns des autres ; mais ils devront veiller à ce que la ligne entière soit bien reliée.

§ 11. — Postes d'avis.

167. Si, en avant ou même en arrière de la ligne des petits postes, il existe des points d'où l'on puisse voir, à une grande distance, le terrain du côté de l'ennemi, et particulièrement les communications par où il peut approcher, telles que ponts, grandes routes, etc., on y établit un poste d'*avis*.

168. Le *poste d'avis* se compose de 3 à 16 hommes, suivant son importance et la mission dont il est chargé.

Il faut d'ailleurs observer que plus il est faible, plus il sera facile de le tenir caché, et par suite de le mettre en sûreté ; il vaut donc mieux qu'il soit peu nombreux, mais bien commandé (par un sous-officier, ou même par un officier, suivant son importance).

169. Les postes d'avis devant la ligne des avant-postes s'établissent comme les petites ou les moyennes patrouilles en halte protégée. Ils cherchent à se cacher le plus qu'ils peu-

vent, sans que cela nuise toutefois au service d'observation qui leur est spécialement confié.

170. Au contraire, les postes d'avis qui sont placés en arrière de la ligne des avant postes n'ont pas besoin de se garder ; ils doivent seulement observer dans les directions qui leur sont indiquées. Ils sont ordinairement, pendant le jour, établis sur des tours, des clochers, ou des points culminants.

171. Les postes d'avis qui auraient à se placer à une distance considérable de la ligne des petits postes (1200 à 1500 mètres) doivent de préférence être fournis par la cavalerie ; ils peuvent ainsi plus facilement envoyer les avis et au besoin se soustraire à l'ennemi.

Les vedettes sont à pied ou à cheval, suivant les circonstances, mais ordinairement à pied pour être moins visibles ; elles laissent à d'autres soldats la garde de leurs chevaux.

Le gros met pied à terre ; il est toujours prêt à sauter en selle.

172. Les postes d'avis sont fournis par les grand'gardes ou par les réserves. On les relève aussi souvent que les petits postes et, comme ces derniers, jamais la nuit.

173. L'établissement des postes d'avis est ordonné par le commandant des avant-postes. Toutefois les commandants de grand'gardes peuvent en établir, s'ils le jugent nécessaire ; mais ils doivent en informer le commandant des avant-postes.

§ 12. — Patrouilles d'avant-postes.

174. Un service bien entendu de patrouilles peut compléter très-avantageusement celui des avant-postes.

Il ne faut pas cependant trop multiplier les patrouilles, parce que ce service fatigue beaucoup les hommes, et parce qu'un mouvement excessif et continuel autour des avant-postes, y maintient un état permanent d'agitation qui est nuisible et peut, la nuit, devenir dangereux.

175. Les patrouilles en usage aux avant-postes sont, d'après la nature de leur service, de deux espèces : *les patrouilles de ronde* et *les patrouilles de découverte.*

176. Les premières composées de 2 ou 3 hommes au plus, conduites par des sous-officiers et même par des officiers, sont détachées des grand'gardes, et circulent dans l'espace compris entre la grand'garde et les petits postes, pour voir si ces derniers font bien leur service.

177. Les *patrouilles de découverte* sont envoyées au delà de la ligne des petits postes, pour constater l'exactitude d'un indice aperçu ou d'un renseignement donné sur l'ennemi ; pour observer ses positions ou ses mouvements ; pour empêcher ses patrouilles de s'approcher dans le but d'épier, et enfin pour chercher à lui faire des prisonniers.

Ces patrouilles sont petites, moyennes ou grosses, suivant leur mission, et suivent les règles données au chapitre II.

Les patrouilles de découverte sont prises dans les grand'gardes ou dans la réserve. Le commandant des avant-postes les utilise surtout quand les informations fournies par les grand'gardes sont rares et insuffisantes, ou quand les renseignements obtenus font croire à une tentative d'attaque ou de surprise de la part de l'ennemi.

§ 13. — Changement des avant-postes.

178. Comme on l'a dit au n° 155, les troupes de grand'-garde sont relevées toutes les 24 heures, parce que ce service est assez pénible pour ne pas devoir se prolonger davantage ordinairement.

Tel n'est pas le service de la réserve des avant-postes, puisque les soldats peuvent s'y reposer autant que ceux du corps principal et souvent même plus à leur aise et plus commodément. Par suite, à moins de circonstances particulières, les troupes de service aux avant-postes y pourront rester autant de fois 24 heures qu'il en faudra pour que toutes aient fait successi-

vement le service de grand'garde. On aura ainsi l'avantage de
laisser plusieurs jours les officiers et la troupe sur un terrain
qu'ils connaissent; cet avantage est immense dans le service
des avant-postes.

§ 14. — Honneurs aux avant-postes; éviter le bruit.

179. Les vedettes, les sentinelles, et, en général, tous les
hommes armés, de service aux avant-postes ou en patrouilles,
ne rendent pas les honneurs habituels.

Les hommes sans armes doivent néanmoins saluer comme
d'habitude leurs supérieurs.

180. On ne doit jamais crier aux *armes*, ni *sentinelle prenez
garde à vous*, ni faire des sonneries, ou un bruit quelconque
qu'on puisse entendre de loin.

Aux grand'gardes et aux petits postes surtout, il faut constamment maintenir le silence et l'ordre.

(C) PLACEMENT DES AVANT-POSTES.

§ 15. — Avant-postes réguliers.

181. On a déjà fait connaître les conditions d'emplacement,
qui conviennent à chaque élément des avant-postes, c'est-à-dire,
aux petits postes, aux grand'gardes et aux réserves des avant-
postes.

Les petits postes doivent être placés de manière qu'ils puissent voir devant eux le plus loin possible et en même temps
communiquer facilement et promptement avec leur grand'-
garde, en s'en faisant voir ou entendre, afin de pouvoir en être
secourus sans retard.

Il n'est pas indispensable qu'un petit poste voie les deux
postes voisins; il doit seulement en connaître la position
exacte et être à portée de s'en faire entendre en appelant; il
faut encore que l'espace compris entre deux petits postes voisins
soit vu en partie par l'un, en partie par l'autre.

Les points favorables pour l'établissement des grand'gardes sont ceux où aboutissent deux ou plusieurs routes qui viennent du côté de l'ennemi, et sur lesquelles sont embusqués leurs petits postes. Il ne faut pas se placer près d'obstacles qui pourraient favoriser une surprise de l'ennemi ; si donc une grand'-garde devait s'établir en arrière ou sur les côtés d'un hameau, d'un bois, d'un champ couvert de hautes moissons , il serait prudent de l'en tenir à une certaine distance, à moins qu'il ne fût possible de mettre, en avant de l'obstacle un petit poste ou un poste d'avis.

Les réserves, afin de remplir leur rôle tactique, occupent des points ou des positions offrant quelque avantage défensif, soit pour protéger les troupes contre le tir à longue portée de l'artillerie ennemie, soit pour faciliter et accroître la résistance en cas d'attaque.

Un lieu habité, une chaussée, un défilé, une croisée de routes, le revers d'un coteau et autres points semblables, sont autant de places favorables aux réserves. Il faut, d'ailleurs, qu'elles présentent toutes facilités pour soutenir et relier les grand'gardes et pour en assurer la retraite. Si la position est telle qu'elle puisse être attaquée par devant et sur les flancs, il est nécessaire que la réserve puisse faire front de tous les côtés, et présenter partout avantageusement ses moyens de défense ; c'est, du reste, une condition essentielle pour toute position tactique de cette nature.

182. En principe, la chaîne des petits postes doit suivre une ligne bien marquée du terrain, par exemple, une route transversale, un cours d'eau, une crête, une suite de clôtures, une rangée d'arbres, etc., etc. Cela facilite beaucoup le placement et en général l'arrangement des avant-postes.

183. Pour placer les petits postes, il faut, autant que possible, se rapprocher de la forme régulière ; c'est celle qui d'ordinaire demande le moins d'hommes, et offre la combinaison la plus simple, la plus facile et la plus complète. L'application de ce principe n'est pas absolue, et ne pourrait justifier les fautes d'un chef qui, en s'astreignant à le suivre, ne saurait

tirer un profit judicieux du terrain, apprécier les nécessités tactiques du moment, et y satisfaire par des dispositions opportunes et bien entendues.

184. L'arrangement des avant-postes doit toujours être le même, le jour et la nuit.

La méthode de resserrer la nuit les avant-postes, en les rapprochant du corps principal, est, en général, mauvaise; puisque la nuit, le besoin de se garder est pour le moins aussi grand que pendant le jour. Ordinairement, il ne faut pas davantage former pour la nuit des petits postes particuliers, placés au milieu de ceux qui existent le jour, attendu que cela détruit toute l'économie du système, et engendre facilement la confusion.

Il vaut mieux, comme on l'a dit (n° 138), renforcer les petits postes.

Une mesure, qui, dans certaines circonstances, peut être utile, c'est de cacher quelque patrouille, comme poste d'avis, sur les communications principales, sur le front ou sur les ailes (si elles sont découvertes); mais, dans ce cas, il faut bien prévenir les petits postes, qui sont derrière, afin qu'il n'y ait pas d'équivoque.

Il peut cependant arriver que, la nuit, on doive déplacer certains postes, dans le seul but de les mettre sur un point plus favorable à l'observation (1). Le commandant de la grand'garde doit avoir soin d'en donner avis aux postes voisins et aux patrouilles de ronde. Ces déplacements se font un peu avant la nuit, afin que le petit poste puisse bien s'orienter dans sa nouvelle position.

§ 16. — Avant-postes irréguliers.

185. Un premier placement d'avant-postes est toujours *irrégulier.*

_____

(1) La nuit, on voit mieux de bas en haut; le jour, de haut en bas. Le jour, une route, qui vient du côté de l'ennemi, peut être observée, sans

Quand une troupe arrive et campe dans une position exposée aux attaques de l'ennemi, ce qu'il y a de plus important et de plus urgent, c'est de se préserver des surprises.

Ordinairement, les fractions mêmes qui protégeaient la marche servent de premiers avant-postes ; le lendemain seulement (si le corps de troupe doit séjourner sur ce point), on forme des avant-postes, qui se placent régulièrement.

186. Les avant-postes irréguliers ou *de marche* (126) diffèrent des avant-postes réguliers ou *de séjour*, en ce sens que leurs divers éléments ne peuvent pas être parfaitement liés les uns aux autres, et former un système complet, surtout si l'on arrive le soir ou la nuit. Dans ce cas, comme on l'a dit (n° 126), sur les routes par lesquelles l'ennemi pourrait attaquer, on établit des grand-gardes, qui se disposent en halte protégée, en renforçant les groupes avancés, c'est-à-dire en les formant de 3 hommes au moins, et d'un chef de poste ; la réserve prend, en halte protégée, une position centrale, de préférence sur la route principale (1).

De pareilles dispositions, comme il est facile de le comprendre, ne supposent guère des patrouilles intérieures ou des rondes pendant la nuit, si ce n'est dans le rayon de chaque grand-garde ; parce que les différents détachements d'avant-postes ne connaissant pas bien les relations réciproques d'emplacement et de dispositions, il y aurait facilement de fausses alertes et des rencontres entre troupes amies.

187. Les avant-postes irréguliers ne présentent pas naturellement, comme disposition, la même sûreté que les avant-postes réguliers ; il est donc nécessaire de suppléer à ce défaut par une plus grande surveillance, qu'on obtient soit en établissant un plus grand nombre de grand-gardes, soit en tenant davantage la troupe en éveil.

_____

qu'un petit poste soit placé sur la route même ou sur les côtés ; au contraire, il faut que le petit poste en occupe un point.

(1) Celle que le corps de troupe suit, s'il est en marche.

188. Autant que possible, les grand'gardes seront fournies par les troupes qui, pendant la marche, faisaient partie du gros de l'avant-garde, parce que les soldats employés à l'extrême avant-garde, ou qui ont servi de flanqueurs, sont déjà fatigués par ce service.

Et, réciproquement, quand une troupe aux avant-postes doit se transformer en avant-garde, il faut que la réserve d'avant-postes fournisse l'extrême avant-garde et les flanqueurs et que les grand'gardes rentrent au gros de l'avant-garde.

189. Ce qui est dit pour l'avant-garde, dans les marches en avant, s'applique à l'arrière-garde dans les marches en retraite.

Jusqu'à ce que les grand'gardes soient entièrement placées, les flanqueurs et l'extrême avant-garde (1) doivent rester en halte protégée.

§ 17. — Reprise de la marche.

190. Quand un corps de troupe, arrêté et couvert par des avant-postes, reprend sa marche, ces derniers, suivant le cas, peuvent servir d'avant-garde, d'arrière-garde ou de flanqueurs, ou bien rentrer dans le gros de la colonne. Quoi qu'il en soit, le commandant de la division, en leur fixant leur destination, leur fait connaître le moment où ils doivent cesser d'être avant-postes.

Si le commandant des avant-postes apprend que le corps principal s'est mis en marche, sans qu'il ait reçu l'ordre de départ (que l'on peut avoir oublié), il doit envoyer un exprès au commandant de la division pour lui demander ses instructions.

191. S'il s'agit d'une marche en avant, qui finisse par se changer en combat, on ne pourra, en aucun cas, excuser le commandant d'avant-postes ou de fractions d'avant-poste, qui, sauf l'ordre formel contraire, ne sait pas rejoindre sa division avec sa troupe, et prendre à temps son poste de combat.

(1) Il en est de même pour l'arrière-garde dans les marches en retraite.

§ 48. — Règles spéciales pour la cavalerie en corps isolé.

192. Dans le service d'avant-postes, la cavalerie observe, en général, les prescriptions et les règles données dans les §§ précédents, autant qu'ils sont applicables à sa spécialité tactique; s'il s'agit d'un corps de cavalerie isolé, la manière de pourvoir à sa sûreté, quoiqu'elle ne doive pas dans la forme différer beaucoup, change cependant un peu quant à la répartition des forces et du service.

193. Des côtés par où peut venir l'ennemi, le corps de cavalerie dispose quelques escadrons qui occupent, à 2 ou 3 kilomètres de distance, les nœuds des principales communications, et détachent chacun un ou au plus deux pelotons en grand'garde (à 1000 ou 1200 mètres), et ceux-ci, à leur tour, mettent devant eux un, deux ou au plus trois petits postes (à 500 ou 800 mètres, suivant que le terrain le permet)

194. Les hommes des petits postes sont à cheval ou mettent pied à terre, suivant les circonstances; mais, dans ce dernier cas, ils tiennent leurs chevaux prêts à être montés de suite.

Les hommes des grand'gardes mettent pied à terre; les chevaux sont sellés et bridés.

Seulement aux réserves (d'un demi-escadron en général) les chevaux sont, par moitié à la fois, dessanglés légèrement et débridés afin qu'ils puissent boire et manger. La nourriture est préparée aux réserves seulement, pour tout le monde.

195. Les petits postes sont relevés toutes les 4 heures, excepté la nuit, pour les raisons indiquées au n° 138.

Les grand'gardes sont relevées toutes les 8 heures.

196. C'est en cette espèce d'avant-postes (avant-postes de marche) que se change, dans les haltes, pendant la marche, ou en présence de l'ennemi, le service de sûreté en marche, d'un corps de cavalerie envoyé au loin en reconnaissance.

CHAPITRE V.

EXERCICES SUR LE SERVICE DE SURETÉ DES TROUPES EN
CAMPAGNE.

§ 1er. — Prescriptions générales.

197. L'enseignement du service de sûreté des troupes en
campagne doit, à cause de son importance, prendre le pas même
sur les exercices de combat.

198. Ces exercices sont faits en partie à part, en partie com-
binés avec d'autres.

(a) Sont faits à part, d'une façon élémentaire et dans la
progression suivante, les exercices sur le service : des postes
d'avis, des petits postes, des grand'gardes, des petites patrouilles,
des moyennes patrouilles, des grosses patrouilles.

(b) Le service d'avant-garde, d'arrière-garde et de flanqueurs,
s'apprend, pour les reconnaissances, dans les exercices de patrouille, et, pour l'ordre de marche et les dispositions de sûreté,
dans les exercices de marche.

199. Les exercices a sont faits au commencement de la reprise annuelle de l'instruction, par compagnie ou par escadron, sous la direction immédiate du capitaine.

Pendant qu'une partie des hommes opèrent, les autres sont
spectateurs ; ils changent successivement de rôle, et s'instrui-
sent ainsi par la pratique et par l'observation.

200. Chacun de ces exercices est répété sur des terrains
différents. Les premières fois cependant, et particulièrement
pour les exercices sur le service d'avant-postes, il faut choisir
un terrain, qui ne soit ni trop couvert, ni trop coupé ; on peut
même se servir avec fruit du terrain d'exercice (si, bien entendu, il est assez grand) afin qu'alors la disposition des groupes
restant régulière, la troupe en puisse bien voir et bien comprendre la coordination.

201. Ces exercices doivent toujours être faits d'après un thème, c'est-à-dire, dans un but déterminé.

202. Les exercices sur le service de sûreté des troupes en campagne sont quelquefois faits la nuit, parce que c'est en effet de nuit que ce service présente les plus grandes difficultés pratiques.

§ 2. — Progression des exercices sur le service de sûreté des troupes en campagne.

(A) *Exemples élémentaires.*

203. *Poste d'avis.* Après qu'on a déjà appris à la troupe, sur le terrain d'exercices ou sur un autre terrain découvert, la disposition d'un poste d'avis, on mène l'escadron ou la moitié de l'escadron sur un terrain un peu couvert; soit un nœud de routes; le point choisi, on fait sortir des rangs 6 soldats, un sous-officier ou un brigadier, et on leur ordonne de se disposer en poste d'avis. On indique le côté où l'on suppose l'ennemi, et la distance du poste d'avis à la ligne de nos petits postes. On regarde si les hommes sont bien placés; mais, avant de rectifier, il faut attendre que toutes les dispositions soient prises.

Pendant ce temps, l'instructeur aura envoyé à distance et, autant que possible, hors de la vue du poste d'avis, un petit détachement, qui devra marcher sur le poste d'observation, pour figurer une patrouille ennemie.

A son approche, l'instructeur examine si les vedettes et le chef de poste savent faire leur service, sinon, il leur montre avec soin leurs fautes; la leçon profite à eux et aux soldats qui sont restés spectateurs.

Puis, on change les hommes, leur nombre, les dispositions et même le terrain; on répète l'exercice jusqu'à ce que tous l'aient fait pratiquement.

204. *Petit poste.* On établit un petit poste, et on lui enseigne d'une manière analogue à ce qui est prescrit au numéro précédent, comment le petit poste doit se placer, comment il

doit se comporter dans les différents cas qui peuvent se présenter : indices, découverte de l'ennemi, arrivée de déserteurs ou de parlementaires, reconnaissances de troupes ou de personnes, etc.

Et, afin que l'enseignement soit réellement pratique, une partie de la compagnie figure des patrouilles amies ou ennemies, des déserteurs, des parlementaires, etc.

Cet exercice se répète jusqu'à ce que tous les soldats l'aient fait.

205. *Grand'garde.* L'escadron entier (moins quelques hommes destinés à figurer l'ennemi ou les patrouilles de ronde) se place en grand'garde, en détachant 2 ou 3 petits postes.

Le capitaine fait répéter à chaque petit poste les exercices du numéro précédent (plus celui de petit poste de reconnaissance). Il exige la plus grande régularité dans la transmission des avis, dans les reconnaissances de troupes ou de personnes et dans tout ce qui regarde le service des petits postes et de la grand'garde. Il relève les petits postes, il envoie des patrouilles de ronde et des patrouilles de découverte, etc.

Dans cet exercice, le capitaine donne le commandement de la grand'garde à un officier, pour pouvoir aller en personne examiner sur tous les points la marche de l'exercice et corriger les erreurs.

A la fin de l'exercice, après le rassemblement de l'escadron, il résume les erreurs commises et indique comment elles auraient pu être évitées.

206. *Patrouilles.* Après les exercices des numéros précédents, la troupe connaîtra, en partie, le service de patrouille. Cependant, comme ce service est très-important et difficile à apprendre autrement que par la pratique, il faudra faire quelques exercices à part de petites, de moyennes et de grosses patrouilles, soit pour les dispositions de marche ou de halte protégée, soit pour le service d'exploration, soit enfin pour la rencontre des patrouilles et pour les reconnaissances de troupes ou de personnes.

Grâce au choix judicieux de terrains différents et d'exercices qui s'y adaptent, on doit faire passer le soldat par tous

7

les détails du service de patrouilles, donnés au chapitre II et particulièrement dans les §§ 8, 10 et 11.

207. Les questions posées tant aux acteurs qu'aux spectateurs sont un complément utile et indispensable de ces exercices élémentaires; il faut que l'instructeur en profite largement. Par les questions faites sur les faits qui s'accomplissent, ou sur des hypothèses des cas divers qui peuvent se présenter, on amène le soldat à raisonner ce qu'il exécute, ou à faire une critique intelligente de ce qu'il voit ; on l'oblige ainsi à mettre en œuvre son coup d'œil, sa réflexion, son intelligence et sa mémoire et on l'amène peu à peu et sans peine à concevoir, de lui-même, ce qu'il doit faire dans les diverses circonstances.

(a) Exercices complexes.

208. *Progression d'exercices à faire ou à répéter sur des terrains variés :*

1° Un escadron (80 hommes au moins) doit aller en avant-postes et placer 2 pelotons de grand'garde; les 2 autres pelotons formeront la réserve d'avant-postes. L'emplacement de la réserve et la ligne des petits postes sont déterminés, par le chef, qui donne le thème.

Le commandant de l'escadron doit, d'après ces indications, disposer les avant-postes, d'abord, comme avant-postes de marche, puis comme avant-postes réguliers.

En allant à l'exercice, l'escadron est regardé comme avant-garde d'un régiment, et au retour comme arrière-garde; la troupe est ainsi exercée au service de sûreté des troupes en marche (chapitre III).

2° Répétition de l'exercice précédent avec 2 escadrons.

La troupe arrive sur le terrain d'exercice, disposée en avant-garde, chaque escadron met 2 compagnies aux grand'gardes et les 2 autres à la réserve. La réserve relève les grand'gardes.

Les avant-postes reçoivent l'ordre de se rassembler et de former l'arrière-garde du corps principal, qui marche en retraite.

Au retour, exercice de halte protégée.

3° Répétition de l'exercice précédent.

Quand les avant-postes sont placés sur le terrain indiqué, le commandant de la division envoie l'ordre de porter (à telle heure) la ligne des petits postes, à 1 ou 2 kilomètres en avant ou en arrière, à droite ou à gauche; il indique topographiquement la position de la nouvelle ligne et l'emplacement de la réserve.

Si l'ordre ne prescrit pas comment doit s'exécuter ce mouvement, le commandant des avant-postes verra, d'après la configuration du terrain et la distance du nouvel emplacement, s'il faut y faire aller directement les grand'gardes, en faisant appuyer, bien entendu, leur mouvement par la réserve, ou bien s'il faut détacher de cette dernière de nouvelles grand'gardes, les envoyer à leur poste et en même temps rallier à la réserve les premières grand'gardes.

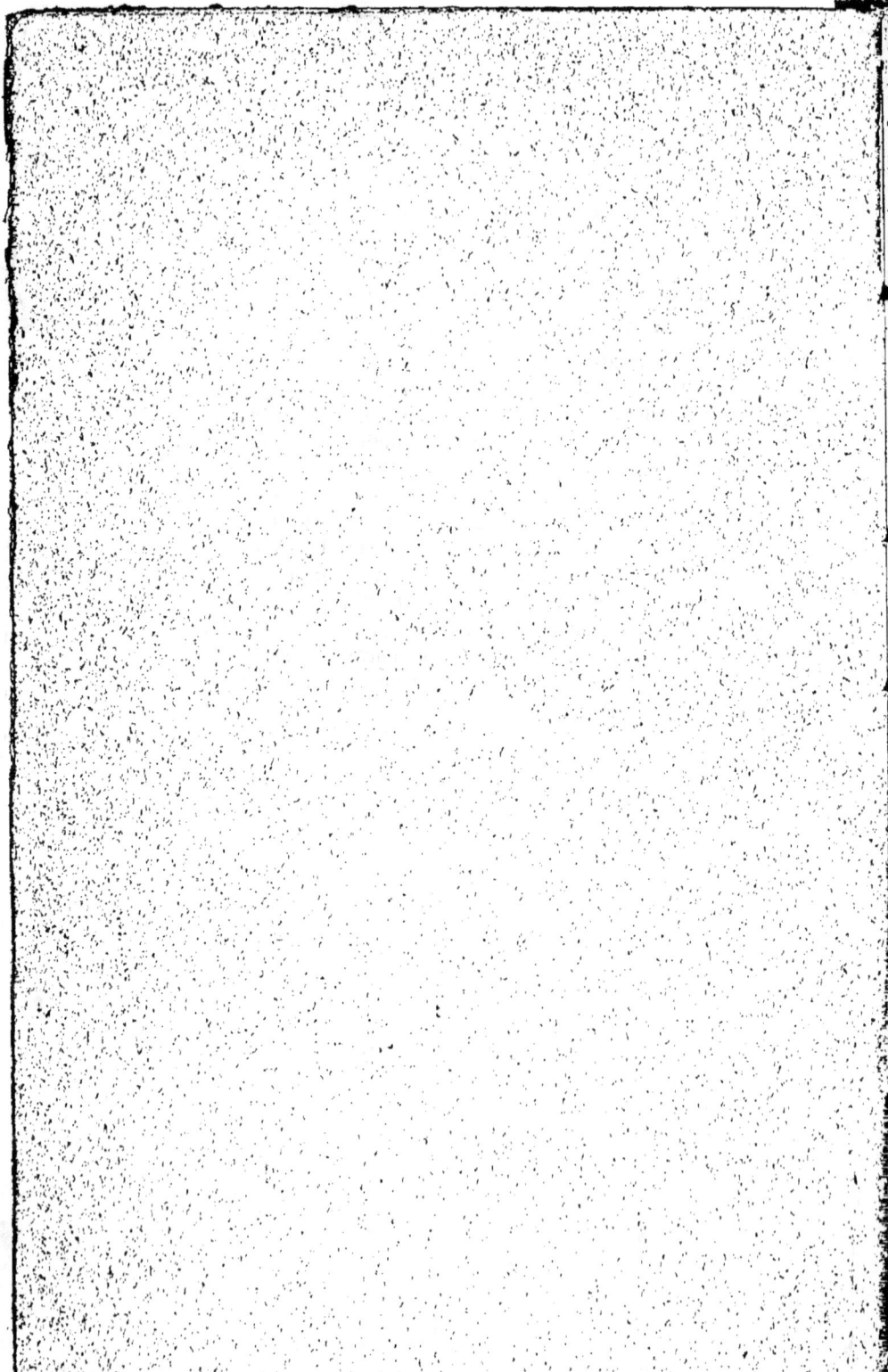

III

EXERCICES DE MARCHE

EXERCICES DE MARCHE.

§ 1er. — Préliminaires.

1. La troupe, en temps de paix, doit s'exercer à marcher avec ordre et rapidité et s'habituer à supporter les fatigues de la marche de campagne.

2. Pour obtenir ce résultat, il est nécessaire que les exercices de marche soient faits avec une progression raisonnable et avec suite, car, alors que des exercices graduels contribuent à amener l'entraînement et à faire supporter les fatigues, au contraire, un travail excessif et brusque imposé à des chevaux non entraînés en a bientôt usé la moitié ; et alors les longues interruptions font perdre le fruit des exercices précédents.

3. Le but auquel on doit tendre, c'est que la troupe puisse fournir sans fatigue des *marches ordinaires* de 35 kilomètres tant au pas qu'au trot alternés, c'est-à-dire à allure *accélérée* et que même au besoin, comme cela arrive souvent en guerre à la cavalerie, elle soit en état de faire des marches forcées, c'est-à-dire de plus de 35 kilomètres à allure accélérée.

4. Pour ce qui est de fixer la succession de ces exercices, il est établi que tout corps ou détachement de cavalerie doit exécuter : en hiver, au moins deux marches par mois, et dans le reste de l'année au moins quatre marches par mois, soit une par semaine.

5. Quant à des exercices de marches forcées, on n'en devra faire que trois ou quatre par an.

6. On utilise comme exercices de marche et l'on compte comme tels les marches que la troupe doit faire pour se rendre aux points convenables pour exécuter d'autres exercices, comme ceux de reconnaissance, de combat, etc., lorsque, entre l'aller et le retour, on doit parcourir au moins 20 kilomètres

7. Pendant la saison d'été on devra faire quelques exercices de marche de nuit, soit pour habituer la troupe à marcher de nuit, soit pour lui montrer à observer les dispositions et prescriptions particulières qui sont indiquées pour les marches secrètes.

§ 2. — Exercices.

8. Les simples exercices de marche doivent, en principe, être exécutés par escadron.

9. La troupe doit s'y présenter en tenue de campagne complète : les selles avec le paquetage entier.

10. Pour chaque exercice, avant le départ on a dû fixer par un ordre l'espèce de marche à exécuter, c'est-à-dire marche ordinaire ou forcée, ou accélérée ou non, — si l'on doit tout le temps ou seulement en partie suivre les routes, — le but et la direction à tenir pour y arriver, — les heures de départ et d'arrivée, tant pour l'aller que pour le retour.

11. Les règles qui, depuis le commencement jusqu'à la fin de l'exercice, doivent être la constante préoccupation de celui qui le dirige peuvent se déduire des résultats suivants qu'une telle école doit réaliser entièrement.

(a) POUR LES OFFICIERS.

1° Tact parfait à donner à propos à leurs subordonnés les conseils et à adresser les observations individuelles qui amènent l'ordre et la régularité dans la marche d'ensemble;

2° Habitude d'instruire, en marchant, leurs soldats par des questions faites à propos sur l'orientation, sur le calcul du temps et l'évaluation des distances ;

3° Habitude pratique de parcourir le terrain la carte à la main.

(b) POUR LA TROUPE.

1° Habitude de garder pendant toute la marche une position correcte à cheval ;

2° Attention scrupuleuse à conserver tout le temps la distance prescrite entre les files ;

3° Promptitude et ensemble, de la tête à la queue de la colonne, à exécuter les sonneries ou les ordres et les commandements du chef.

12. Dans ce but, pour les premiers exercices de marche, la troupe sera *en colonne par deux, les files ouvertes* si la largeur de la route le permet : les officiers à la queue de leurs pelotons respectifs.

Celui qui commande la colonne tantôt sera à la tête pour régler l'allure, tantôt passera à la queue pour surveiller toute la colonne et voir comment marche l'exercice.

13. Des exercices de marche seront faits par demi-régiment et même par régiment. Dans ce cas, on se formera en colonne *par quatre* sur les routes si la largeur le permet, par *pelotons* en plein champ.

14. Dans les marches à travers champs, la colonne devra être précédée, à distance convenable, par une *patrouille-guide* formée d'un sous-officier,— quelquefois même d'un officier,—

et d'un ou deux trompettes. Le chef donne la direction générale de la marche : la patrouille cherche et indique à la colonne la route à suivre.

15. Dans quelques exercices le chef du corps doit prescrire l'heure précise d'arrivée à un point déterminé, et, par lui-même ou par délégation, il vérifiera l'exécution exacte de l'ordre donné.

16. D'autres fois, le commandant, envoyant ses escadrons par des chemins différents, doit prescrire l'heure précise de leur concentration en un point déterminé.

Dans ce cas, comme dans le premier, c'est l'affaire de chaque commandant d'escadron de régler l'allure de la marche, de façon à ne se trouver au point de concentration prescrite, ni avant ni après l'heure fixée.

17. Dans les exercices de marche, la colonne devra être formée selon les règles de sûreté prescrites, c'est-à-dire avec avant-garde, arrière-garde et flanqueurs quand il y aura lieu.

Dans les haltes on devra prendre toutes les dispositions pour la *halte protégée*.

Les recrues et les chevaux versés récemment devront faire exclusivement partie du gros de la colonne dans les premiers exercices de marche, qui n'ont d'autre but que de les initier aux fatigues et à la discipline de la marche.

IV

EXERCICES

CONCERNANT LE SERVICE

DE RECONNAISSANCE AVANCÉE

---

§ 1er. — Service de reconnaissance avancée.

1. Quand l'ennemi est éloigné, le meilleur moyen de se tenir toujours et à tout moment informé de ses positions, de ses mouvements et d'en pénétrer les plans assez à temps pour les déjouer ou en opposer de meilleurs, est de détacher en avant, à une ou plusieurs journées de marche, de la cavalerie qui l'approche de front et de flanc, se mette en contact avec ses avant-gardes ou ses avant-postes, ne le perde plus de vue, observe tout et en informe le commandant de l'armée ou du corps d'armée dont elle dépend. Ainsi lancée en avant, elle sert encore à relier les corps d'armée et à en cacher les mouvements.

Ce service, qu'on appellera *service de reconnaissance avancée*, constitue un des rôles tactiques les plus importants de la cavalerie.

2. Les corps de cavalerie destinés à ce service (régiment, brigade, ou même division) se portent en masse serrée jusqu'à 15 ou 20 kilomètres du point où l'on suppose pouvoir rencontrer l'ennemi, puis une partie de ces forces, en général la moitié au plus, se sépare en autant de colonnes de reconnaissance qu'il y a de routes principales sur l'étendue de terrain à explorer. De ces colonnes se détachent ensuite des fractions moindres, et finalement de celles-ci des patrouilles ou des groupes déclaireurs.

3. En général, un système de reconnaissances présente en grand la forme plus ou moins régulière d'un secteur : sur l'arc sont les patrouilles, au sommet le gros du corps d'exploration; entre le sommet et l'arc, les colonnes d'éclaireurs (escadrons), et souvent, quand le corps est de plus d'un régiment, entre les colonnes d'éclaireurs et le sommet, il y a les colonnes de soutien.

4. La fraction d'où se détachent les patrouilles doit être ordinairement d'un escadron.

5. Les distances et intervalles entre les différents éléments du système de reconnaissance dépendent de la nature et de l'étendue du terrain à explorer. En général, ils sont plutôt grands pour économiser les hommes dans ce service. Il faut pourtant qu'ils puissent permettre aux différents éléments de pouvoir se soutenir réciproquement en cas de rencontre avec l'ennemi.

Les escadrons (colonnes d'éclaireurs) peuvent être lancés jusqu'à 15 ou 20 kilomètres du gros, en terrain découvert et sur les routes qui permettent une prompte et facile retraite. Lorsque cependant on est assuré du voisinage de l'ennemi, il convient de resserrer les distances ainsi que les intervalles.

Les patrouilles de découverte se détachent à leur tour jusqu'à 6 ou 7 kilomètres de l'escadron quand on n'est pas en vue de l'ennemi et quand la distance peut être parcourue en une heure au plus.

6. Chaque élément du système de reconnaissance, soit en

marche, soit arrêté, pourvoit à sa propre sûreté par les moyens indiqués dans les chapitres 2, 3 et 4 de la seconde partie de la présente instruction.

7. Dans ce service, il est utile que chaque officier soit muni d'une bonne carte topographique du pays, et, quand faire se peut, il est aussi très-bon que chaque escadron ait un guide du pays, pourvu qu'il soit aussi monté.

8. Une des conditions les plus essentielles de ce service est la transmission rapide et sûre des renseignements que recueillent les patrouilles et les éclaireurs, entre le commandant des escadrons en reconnaissance et le commandant de l'armée ou du corps d'armée dont il dépend. Il est encore nécessaire que les avis et les ordres puissent être communiqués promptement et sûrement aux différents éléments du système de reconnaissance. Il faut, pour cela, que ces divers éléments se trouvent reliés par un réseau de correspondance.

9. Le dispositif de ce réseau varie quelque peu suivant que le gros du corps en reconnaissance est arrêté ou en marche. Mais, en général, il est formé de lignes de postes chacun de deux ou trois cavaliers et distants de 4 ou 5 kilomètres d'un poste à l'autre.

De chaque escadron en reconnaissance part une de ces lignes, pour aboutir au point où se trouve le commandant du corps de cavalerie.

Les escadrons se tiennent d'ailleurs en rapport entre eux par de petites patrouilles et des postes intermédiaires.

Enfin la correspondance entre le commandant du corps de cavalerie et le commandant supérieur dont il dépend est établie au moyen, soit de lignes télégraphiques, soit d'un service de poste bien assuré, soit encore, au besoin, à l'aide d'une ligne de postes de cavalerie, chacun de deux ou trois hommes et à 8 ou 10 kilomètres d'un poste à l'autre. Il faut pour cela que, jour par jour, les deux commandants en question connaissent avec précision l'itinéraire l'un de l'autre.

§ 2. — Postes de correspondance.

10. Les postes de correspondance sont toujours bien placés sur les routes, en des points bien déterminés sur la carte, et faciles à retrouver : par exemple, à la sortie des villages, à des passages, à des ponts ou près de constructions dont le nom soit bien indiqué sur la carte.

11. Les hommes de chaque poste doivent connaître avec précision la position de chacun des postes voisins et la route pour s'y porter.

12. Comme on l'a déjà dit, les postes de correspondance s'établissent à 4 ou 5 kilomètres l'un de l'autre, c'est-à-dire à une distance qui puisse être entièrement parcourue au trot allongé, ou au galop dans les cas de grande urgence.

13. Comme on l'a dit encore, chaque poste se compose de deux ou trois (1) cavaliers ; quant aux postes qui doivent correspondre en avant, en arrière ou sur les côtés, en un mot avec plus de deux directions, ils sont *doublés*, c'est-à-dire formés de quatre hommes, ou au moins de trois.

Un des hommes du poste se tient sur la route, avec son cheval tout prêt à être monté. Il surveille les routes par où peuvent venir les exprès des postes voisins, et dès qu'il en voit venir un, il saute en selle et se prépare à prendre son paquet pour le transmettre plus loin. Les autres hommes du poste peuvent ôter le mors à leurs chevaux, les attacher quelque part, et les laisser brouter et reposer, tout en se tenant prêts à un appel à l'arrivée d'un exprès.

Le premier à partir est toujours : la première fois le plus ancien, et ensuite celui qui se repose depuis le plus de temps.

---

(1) Deux, quand, les escadrons étant faibles, il faut économiser les hommes ; autrement, il vaut mieux que le poste soit de trois hommes. En pays ennemi, où la population est hostile, il faut renforcer les postes ou les rapprocher.

L'homme qui porte une dépêche au poste voisin retourne au poste de départ après un court repos, en reportant en arrière celles qui seraient venues en sens inverse.

Le cavalier porteur d'une dépêche qui, en arrivant au poste voisin, n'y trouve personne à qui la remettre, doit continuer jusqu'au poste suivant, c'est-à-dire jusqu'à ce qu'il rencontre un homme qui puisse la porter et en assurer la prompte arrivée.

15. Toute dépêche doit porter sur l'adresse l'allure à laquelle on doit la transmettre de poste en poste. Celui qui met cette indication doit en aviser verbalement le porteur.

16. Le repliement des postes sur leur escadron s'exécute en général en marche accélérée.

Le dernier poste du côté du gros est d'ordinaire commandé par un gradé, et c'est lui qui dirige le repliement.

§ 3. — Reconnaissance par escadrons.

17. Le commandant des escadrons, arrivé au point où doit commencer la reconnaissance, détache autant de patrouilles qu'il y a de routes par où l'on puisse se rejoindre ou rencontrer l'ennemi ; et, avec le gros, il fait halte ou continue selon les circonstances ou selon les ordres reçus.

S'il doit continuer à marcher, il aura soin de prolonger par de nouveaux postes sa ligne de correspondance.

18. Les commandants des escadrons en reconnaissance devront envoyer au commandant du corps un rapport sur les informations recueillies, d'heure en heure ou toutes les deux heures, suivant les prescriptions de ce dernier.

Ce rapport devra être envoyé dans le délai fixé, quand même il n'y aurait rien de nouveau à rapporter.

19. Indépendamment de ces *rapports ordinaires*, toutes les fois que le commandant de l'escadron recevra des renseignements importants ou rencontrera l'ennemi, il devra en

avertir le commandant du corps par un rapport *extraordinaire*.

Ces rapports, tant ordinaires qu'extraordinaires, doivent toujours indiquer l'endroit où se trouve l'escadron, les directions dans lesquelles il a envoyé des patrouilles, et l'heure de départ du rapport.

Si, après l'envoi d'un rapport, de nouveaux postes de correspondances sont établis, il faudra en indiquer la position.

§ 4. — Haltes.

20. Toutes les fois qu'ils doivent s'arrêter, les escadrons de reconnaissance se disposent en haltes protégées.

21. Les postes de communication et de correspondance devront continuer à être maintenus la nuit, en les relevant le soir, s'ils ont beaucoup à fatiguer et aussi pour qu'ils puissent faire manger les chevaux.

22. Les escadrons de reconnaissance devront le plus souvent se pourvoir de vivres et de fourrages au moyen de réquisitions, d'autant plus que leurs voitures devront rester avec le gros.

§ 5. — Rencontre avec l'ennemi.

23. La cavalerie en reconnaissance peut se trouver aux prises avec l'ennemi, soit qu'elle le rencontre par hasard, soit qu'elle doive l'attaquer pour pénétrer de vive force à travers son cordon de sûreté, afin d'en reconnaître les positions ou les mouvements et la force. Mais comme, d'autre part, sa mission n'est pas de combattre, mais d'obtenir des renseignements, elle devra, en général, éviter de s'engager plus qu'il ne faut.

24. Il peut se faire, grâce à la vigilance des troupes qui composent le service de sûreté de l'ennemi, que les petites patrouilles des escadrons en reconnaissance essayent en vain de s'éclairer par la seule adresse, et qu'il devienne, par suite, nécessaire de prendre l'offensive en employant des forces consi-

dérables. Dans ce cas, le commandant du corps en reconnaissance, sur l'avis de l'escadron qui a rencontré l'ennemi, se porte en avant avec le gros, resserre le système de reconnaissance et ordonne alors l'attaque sur plusieurs points à la fois.

Les escadrons qui doivent l'exécuter cherchent à approcher l'ennemi le plus près possible, sans être vus; et à peine se voient-ils découverts, qu'ils agissent vivement et résolûment, n'engageant le combat qu'autant qu'il est nécessaire pour atteindre le but, et se repliant ensuite avec rapidité.

25. Le service de la cavalerie en reconnaissance redouble d'activité quand les partis d'éclaireurs rencontrent l'ennemi et se mettent en contact avec lui.

Ces partis ne doivent plus perdre ce contact; ils doivent suivre l'ennemi pas à pas, inquiéter ses patrouilles, se répandre sur ses têtes de colonne, à travers ses avant-postes, voir tout, et tout rapporter. Il sera bien nécessaire que le gros s'approche pour soutenir, au besoin, les partis en avant, car il faut bien s'attendre à ce que l'ennemi envoie sa cavalerie pour se débarrasser de ce cercle importun d'observation.

26. Il arrivera encore de rencontrer un parti de cavalerie envoyé lui-même en reconnaissance. Dans ce cas, l'important est de reconnaître rapidement la force que l'on a devant soi, puis d'agir selon les circonstances, mais toujours avec résolution et avec audace.

§ 6. — Relèvement des troupes dans le service de reconnaissance.

27. Le service de reconnaissance devant, pour atteindre son but, être conduit et exécuté avec promptitude, et les troupes, surtout celles qui sont en tête, devant souvent prendre les allures rapides, ce service est ordinairement très-fatigant, et surtout quand on en vient au contact avec l'ennemi.

Il appartient, dès lors, au jugement des commandants des escadrons de voir quand il convient de relever les partis en reconnaissance, et à celui du commandant du corps de juger quand on doit remplacer les escadrons en reconnaissance par d'autres escadrons tirés du gros.

Peut-être conviendra-t-il de changer les escadrons toutes les 24 heures; mais souvent cela n'est pas facile à cause de la distance, et l'on peut les laisser jusqu'à 48 heures, en les renforçant au besoin par quelques détachements envoyés du gros.

28. Le même régiment peut rester plusieurs jours en reconnaissance; pourtant, si faire se peut, il convient de le changer après 3 ou 4 jours.

§ 7. — Exemples de reconnaissance.

Pour développer les idées brièvement émises jusqu'ici sur le service de reconnaissance de la cavalerie, nous donnons deux exemples appliqués à la carte topographique annexée au présent ouvrage (1).

PREMIER EXEMPLE.

Thème. — On sait qu'un corps ennemi se trouve dans le voisinage d'Évreux: il peut se faire qu'il marche sur Paris, mais on n'en connaît pas la force et on ne sait s'il prendra la route de Mantes et Saint-Germain ou une autre plus au nord ou au sud.

Un régiment de cavalerie (6 escadrons) est envoyé à Saint-Germain.

(1) *L'Instruction* donne ici deux exemples qui s'appliquent à un terrain situé à une trentaine de kilomètres au nord de Turin. Pour rendre les exemples plus intéressants, les traducteurs ont cru bien faire en remplaçant, pour les lecteurs français, la carte italienne par une carte de France et donnant un terrain connu d'un grand nombre d'officiers. Ce terrain a été choisi à l'ouest de Paris, entre Saint-Germain, Évreux et Dreux. Les traducteurs se sont appliqués, du reste, à s'inspirer le plus possible de l'esprit de l'Instruction italienne et des prescriptions auxquelles elle s'attache.

(*Note des traducteurs.*)

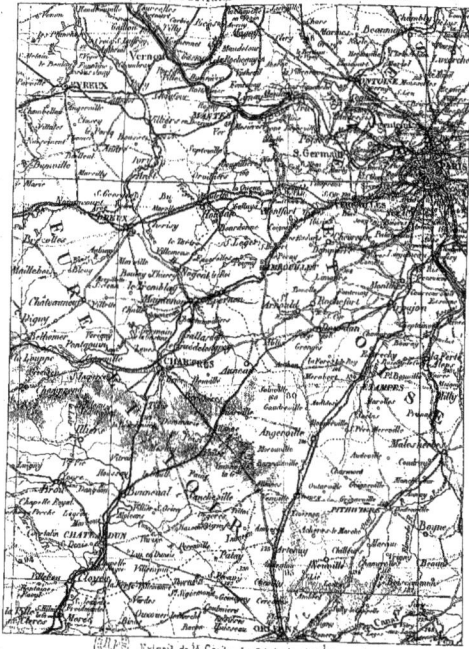

Extrait de la Carte du Génie à 1/320 000

avec ordre d'explorer le pays au sud de la Seine jusqu'à ce qu'il rencontre l'ennemi pour avoir des renseignements exacts sur son compte et se tenir ensuite en contact avec lui. On envoie un autre corps de cavalerie dans le même but au nord de la Seine.

Arrivé à Saint-Germain le soir, le commandant du régiment apprend, par des gens venant d'Evreux, qu'un corps ennemi « de plusieurs milliers d'hommes d'infanterie avec de l'artillerie et de la cavalerie était, en effet, arrivé à Evreux, venant de Caen, le matin même, et s'y était arrêté en faisant camper les troupes à l'est de la ville, et qu'il avait envoyé un parti de cavalerie jusqu'à Mantes, où il avait coupé le télégraphe et le chemin de fer (1).

Le commandant du régiment donne les ordres suivants pour le lendemain matin :

« Le 1er escadron quittera Saint-Germain à 3 heures du matin, et, passant par Fourqueux et Villepreux, se portera à Neauphle-le-Château, où il devra arriver vers les 6 heures du matin. A Neauphle, il attendra des ordres ultérieurs de marche ; cependant il enverra des éclaireurs à Neauphle-le-Vieux et sur la route d'Alençon, jusqu'à la croisée de la route de Montfort-l'Amaury, et se mettra en communication avec le 2e escadron, qui, à cette heure, se trouvera à Marcil-sur-Maudre.

« Le 2e escadron partira à 3 h. 1/2 du matin, et, suivant d'abord la même route que le précédent jusqu'à Saint-Nom, prendra là la route de Mantes par Maule, se rendra à Marcil-sur-Maudre, où il devra se trouver vers les 6 heures du matin. Là, il attendra des ordres ultérieurs de marche, en envoyant toutefois des éclaireurs à Montainville et à Maule.

« Le 3e escadron quittera Saint-Germain à 3 heures du matin, et se portera à Ecquevilly, où, en ne rencontrant pas d'obs-

_____

(1) Nous supposons que, de notre côté, on a coupé préventivement le chemin de fer à la station de Meulan-les-Mureaux.

8

tacle sur sa route, il devra arriver à 5 heures du matin. De là, il enverra aussitôt des éclaireurs à Flins et à la station des Mureaux. Si le commandant de cet escadron vient à connaître que l'ennemi ne se montre pas en deçà de Mantes, il se portera sans retard avec le gros jusqu'à Flins et de là enverra des éclaireurs jusqu'à Mézières et au delà.

« Les commandants des trois escadrons établiront derrière eux les postes de correspondance nécessaires.

« Chaque escadron, une fois arrivé à son poste, devra se mettre en communication avec le ou les escadrons voisins.

« Outre les patrouilles prescrites, chacun enverra toutes celles qu'il croira nécessaires pour s'éclairer.

« Les rapports périodiques devront être expédiés de deux heures en deux heures.

« On trouvera le commandant du régiment au château de Saint-Germain. »

Si le commandant du régiment se déplaçait avec le gros, il en avertirait les chefs des trois escadrons en reconnaissance et leur ferait connaître le point où ils devraient diriger leurs rapports et les modifications à apporter à leurs lignes de correspondance respectives.

OPÉRATIONS DU 1er ESCADRON.

Avant de partir, le commandant du 1er escadron, après avoir consulté la carte, se sera fixé les points où il établira les postes de correspondance, qui seront : le premier à la sortie sud-ouest de Fourqueux, le second à Saint-Nom, le troisième au passage à niveau du chemin de fer de Dreux, le quatrième à la Boissière.

Les hommes destinés à ce service marcheront en queue de l'escadron, et un des officiers sera chargé de les mettre lui-même à leurs postes, de leur rappeler les attributions du service dont ils sont chargés, et de laisser par écrit le nom de l'endroit où sera situé le poste suivant, afin que celui qui porte les premières dépêches ait un renseignement pour interroger les habitants et retrouver le point occupé par le poste auquel il doit remettre son pli.

En arrivant à Villepreux, l'escadron détache une grosse patrouille (un peloton commandé par un officier) qui, passant par les Clayes et les Gatines, rejoint bientôt la grande route d'Alençon, et, la suivant, rejoint l'escadron à Neauphle-le-Château, après avoir ainsi flanqué à gauche la marche de l'escadron.

Quand il sera à Petit-Prés, le commandant de l'escadron enverra son premier rapport au commandant du régiment, et, en même temps, il enverra un billet au commandant du second escadron, pour lui faire part des renseignements recueillis. Le soldat chargé de transmettre ce billet recevra comme indications de gagner Thiverval et de là Crespières, où il trouvera un poste de correspondance du 2ᵐᵉ escadron qui lui indiquera où se trouve le commandant de cet escadron.

Arrivé à Neauphle-le-Château, et après avoir disposé son escadron en halte protégée, le commandant envoie une grosse patrouille (un peloton commandé par un officier) sur la grande route d'Alençon, une patrouille moyenne à Neauphle-le-Vieux et une petite patrouille au château de Pont-Chartrain et jusqu'à Bazoches.

La patrouille envoyée sur la route d'Alençon doit s'informer auprès des habitants s'il est à leur connaissance que l'ennemi se trouve ou soit passé dans les environs, et envoyer des éclaireurs à Méré, à Galluis et enfin sur la route d'Alençon jusqu'à la Queue, pour avoir des renseignements. Quand il est à une grande heure de marche de Neauphle-le-Château, c'est-à-dire à l'embranchement de la route de Montfort-l'Amaury, le chef de la patrouille, voyant le pays libre, envoie un billet au commandant de l'escadron à Neauphle-le-Château, pour l'en informer. Aussitôt les éclaireurs de retour, il lui envoie un second rapport, et dispose ses troupes en halte protégée, en

plaçant ses vedettes sur le chemin de fer, sur la route d'Alençon et sur celle de Montfort-l'Amaury.

La patrouille envoyée à Neauphle-le-Vieux enverra des éclaireurs sur la route de Mantes jusqu'à la hauteur de Saulx-
Marchais et au delà, s'il y a lieu. Si la route est libre, le chef
de la patrouille restera avec sa troupe à Neauphle-le-Vieux;
si, au contraire, quelques partis ennemis ont été vus, il s'avan-
cera, après en avoir informé le commandant de l'escadron,
jusqu'à Saulx-Marchais, où il s'établira en halte protégée.

La petite patrouille envoyée au château de Pontchartrain et
à Bazoches ralliera l'escadron.

En même temps, une patrouille de 4 ou 5 soldats, commandés par un sous-officier, sera envoyée à Mareil-sur-Maudre par
la vallée de la Maudre, pour se mettre en communication avec
le 2me escadron, et échanger avec lui des renseignements. Chemin faisant, trois soldats s'arrêteront sur la route à la hauteur
du moulin de Cressay, pour y former un poste de correspondance entre le 1er et le 2e escadron.

Le gros de l'escadron, à Neauphle-le-Château, se reposera
en attendant les ordres du commandant du régiment.

OPÉRATIONS DU 2e ESCADRON.

Le 2e escadron, en suivant des règles analogues à celles
qui ont été indiquées pour le 1er escadron, établira des
postes de correspondance : les deux premiers aux mêmes
points que le 1er escadron. Ces postes doubles devront agir
absolument comme s'ils n'étaient pas réunis, les hommes
de chaque escadron ne se mêlant pas. Lorsque le commandant
du régiment enverra des ordres aux deux escadrons à la fois,
un homme de chaque escadron les portera au poste suivant.

Au delà de Saint-Nom, il établira son troisième poste à demi-
distance de Crespières, au coude que fait la grande route à hauteur de Feucherolles, et le quatrième poste sur la grande route,
à l'entrée du chemin de Crespières.

Quand il sera arrivé en ce point, l'escadron enverra une patrouille de force moyenne aux Alluets, avec ordre de s'arrêter dans ce village, et d'envoyer au delà quelques éclaireurs dans la forêt des Alluets, en poussant jusqu'à Ecquevilly pour échanger des informations avec le commandant du 3e escadron. Le chef de la patrouille communiquera au commandant de l'escadron à Mareil-sur-Maudre les renseignements recueillis, et restera aux Alluets comme poste d'avis; il y établira d'ailleurs, à la sortie ouest du village, un poste de correspondance pour relier le 2e et le 3e escadron.

En arrivant à Mareil-sur-Maudre, le commandant de l'escadron transmettra son premier rapport au commandant du régiment, et en même temps il renverra au 1er escadron, à Neauphle-le-Château, le soldat qui lui aura apporté de Petit-Prés les premières informations du commandant de cet escadron, auquel il devra en envoyer en échange. Il enverra deux petites patrouilles, commandées par des sous-officiers, l'une sur la route de Neauphle-le-Château par la vallée de la Maudre, afin d'assurer la correspondance avec le 1er escadron. Ce dernier ayant, comme nous l'avons dit plus haut, établi un poste à hauteur du moulin de Cressay, le 2me escadron n'aura plus qu'à en laisser un à Beynes. Quant à sa liaison avec le 3me escadron, il l'assurera en plaçant un poste de correspondance à Herbeville, lequel se reliera au poste des Alluets.

Un peloton sera, d'ailleurs, envoyé à Maule, avec mission de détacher de là une patrouille moyenne jusqu'à Aulnay, et, si rien ne l'arrête, jusqu'à Nezel.

Une autre patrouille moyenne gagnera Montainville et enverra, par Andelu et Thony, des éclaireurs sur la grande route de Mantes à Neauphle.

Les chefs de ces patrouilles se conformeront à ce qui a été dit plus haut pour celui de la patrouille du 1er escadron envoyé sur la route d'Alençon.

Renseignements reçus des patrouilles qu'il a envoyées, le chef du 2me escadron enverra un second rapport au commandant du régiment.

OPÉRATIONS DU 3ᵉ ESCADRON.

Les postes de correspondance du 3ᵐᵉ escadron seront établis : le premier à l'embranchement de la route de Chambourcy, le second à l'embranchement du chemin d'Orgeval.

Arrivé à hauteur de Morainvilliers, l'escadron détachera une patrouille moyenne qui explorera ce village et de là la forêt des Alluets, pour rentrer vivement à Ecquevilly par le sud-ouest.

Trouvant Ecquevilly libre, le commandant de l'escadron en informera aussitôt le commandant du régiment ; un peloton poursuivra sans délai jusqu'à Flins, avec ordre de lancer des éclaireurs jusqu'à Mézières, pour tâcher de savoir où est l'ennemi, et si Mantes est occupée ou non.

De l'escadron sera en même temps détachée une patrouille vers la station des Mureaux ; elle établira un poste d'avis au pont de Meulan.

Une autre sera détachée au sud d'Ecquevilly pour assurer, par des postes rapprochés à travers la forêt des Alluets, sa liaison avec le poste de correspondance établi aux Alluets par le 2ᵉ escadron.

Sachant que l'ennemi n'est pas en deçà de Mantes, le 2ᵉ escadron se porte à Flins en en avisant, bien entendu, le commandant du régiment. Il laissera un poste de correspondance à Ecquevilly, et avertira le poste des Mureaux de diriger ses exprès sur Flins.

De Flins il enverra un peloton à Mézières et ralliera au gros celui qui l'avait précédé à Flins.

Le commandant de ce peloton aura mission de reconnaître si Mantes est, ou non, occupée par l'ennemi. S'il peut le faire sans se laisser découvrir, c'est-à-dire de quelque hauteur ou par des émissaires, cela vaudra certes beaucoup mieux ; en cas contraire, il devra le faire ouvertement, c'est-à-dire en détachant des éclaireurs et les soutenant à petite distance, comme on le fait pour reconnaître des localités suspectes. Il est important qu'il tienne bien au courant le commandant de l'escadron.

De Flins, le commandant du 3ᵉ escadron aura envoyé par exprès des renseignements au commandant du 2ᵉ à Marcil.

Le gros.

Le commandant du régiment aura envoyé dès les premières heures du matin un peloton en reconnaissance sur la route de Poissy jusqu'à la Seine et un peu au delà. La reconnaissance terminée, le peloton sera arrêté à Poissy, en attendant des ordres.

La conduite du commandant du régiment dépendra des renseignements envoyés par les trois escadrons en reconnaissance, et présentera essentiellement deux cas différents, suivant que un ou plusieurs escadrons signaleront la présence de l'ennemi, ou que, aucun ne le rencontrant, on reste dans l'incertitude.

Quoi qu'il en soit, pour pousser l'exploration plus loin, il faudra que le gros du régiment se porte plus en avant pour appuyer le mouvement des escadrons en reconnaissance.

Nous prendrons le premier cas dans deux hypothèses diverses.

(A) *L'ennemi est signalé à Evreux et en marche sur Mantes.*

Si l'ennemi est signalé du côté d'Evreux, le gros du régiment se portera à Flins ; le commandant donnera les ordres suivants :

(*a*) Le peloton détaché à Poissy ralliera le régiment à Flins en gagnant la route de Saint-Germain à Mantes par la Maladrerie de Poissy : il emmènera avec lui le poste de correspondance de Poissy.

(*b*) Le 3ᵉ escadron se portera sur Mantes, mais ne s'engagera pas à fond avant que le gros soit près de Flins.

(*c*) Le 2ᵉ escadron, ayant rappelé ses détachements, se portera sur le plateau qui borde la rive gauche de la Maudre, à 2 kilomètres environ au nord-ouest de Montainville. Il tiendra ce plateau en se dirigeant au nord-ouest et gardant les hauteurs. Il détachera un peloton pour éclairer les petits bois et le ravin qui borde sa gauche.

(*d*) Le 1er escadron, quittant la route d'Alençon, prendra celle de Mantes par Neauphle-le-Vieux et Septeuil : il s'arrêtera sur cette route à Saint-Léonard et enverra des patrouilles à Arnouville et Septeuil.

Les dispositions (*b*), (*c*) et (*d*) et aussi la marche du gros sur Flins devront être notifiées aux trois commandants des escadrons en reconnaissance, afin qu'ils puissent se maintenir en communication l'un avec l'autre et avec le commandant du régiment. A cet effet, il est nécessaire que ce dernier notifie aussi aux escadrons l'heure à laquelle il pense arriver à Flins.

L'exprès qui porte au premier poste de la ligne primitive de correspondance l'ordre indiqué plus haut, porte aussi au chef de ce poste l'ordre verbal de replier les postes sur leurs escadrons respectifs. Sur la ligne que doit parcourir le gros, les postes seront ramassés par lui, pour rejoindre ensuite leur escadron.

Au château de Saint-Germain, on laissera, pour une couple d'heures après l'envoi de l'ordre de replier les postes de correspondance, un poste de quatre ou cinq hommes avec un sous-officier pour recevoir et retourner au commandant du régiment les rapports qui pourraient encore arriver du 1er et du 2e escadron.

Si, en ramassant les postes, on rencontre un exprès adressé au commandant de régiment, il faudra toujours que la dépêche lui parvienne; dans ce but, le sous-officier qui relève les postes en chargera l'homme le mieux monté et dont le cheval est le moins fatigué (1).

(1) Supposons que la dépêche ait été envoyée par le commandant du 1er escadron et que, au moment du repliement des postes, elle soit arrivée à Saint-Nom : de là elle devra être portée au château de Saint-Germain, où elle trouvera le poste chargé de la recevoir et de l'envoyer à destination. Mais si l'on rencontre la dépêche à Petit-Prés, le sous-officier indiqué plus haut, qui connaît le mouvement du commandant du régiment de Saint-Germain à Flins, ordonne à celui qui doit la porter de passer par Crespières et les Alluets, attendu que le trajet par Saint-Ger-

L'ordre de marche envoyé aux escadrons doit être transmis, comme toujours, au trot allongé ou au galop, de poste en poste. Au contraire, le repliement des postes se fait en marche accélérée, c'est-à-dire par reprises de trot et de pas. Ces postes arriveront respectivement à Neauphle et à Marcil alors que leur escadron se sera déjà mis en marche; mais ils trouveront à l'entrée du village un cavalier posté là pour leur indiquer la route à tenir pour rejoindre l'escadron.

Aussitôt arrivé à Saint-Léonard, le commandant de l'escadron enverra un rapport à Flins pour aviser le commandant du régiment de son arrivée au point désigné, et il établira des postes de correspondance à Jumeauville et à Nezel, pour se relier au gros.

Le 2ᵉ escadron, en se portant sur le plateau qui vient aboutir à 2 kilomètres de Mantes, laissera un poste de correspondance à laVilleneuve, lequel se reliera par Mézières à la ligne de correspondance du 3ᵉ escadron.

Si le 3ᵉ escadron trouve Mantes même libre, il pourra certainement y avoir des renseignements sur l'ennemi, et sur sa présence ou non à Evreux. En tout cas, il enverra des éclaireurs sur la route de Rouen et sur le chemin de fer jusqu'à Rosny, et au delà s'il y a lieu, et une patrouille sur le plateau, par Magnanville et Soindres, à moins que le commandant du régiment ne juge plus convenable, eu égard aux distances parcourues jusqu'à cette heure, de remettre au lendemain la suite de la reconnaissance pour laisser reposer hommes et chevaux (1).

main allongerait inutilement la transmission. En pareil cas, lorsqu'un soldat doit parcourir une route qu'il ne connaît pas, il faut que le sous-officier lui donne par écrit les noms des points principaux du chemin qu'il doit tenir, qui seraient, dans le cas en question : Thiverval, Crespières, les Alluets, Ecquevilly.

(1) Le 3ᵉ escadron, qui a parcouru la plus petite distance (30 kilom.) et qui a marché sur une route large et peu accidentée, pourra fatiguer encore, pourvu qu'il n'y ait pas d'engagement avec l'ennemi; mais les

D'une façon ou d'une autre, si l'ennemi est réellement à Evreux, ou dans les environs, on en viendra finalement au contact avec lui, et il sera possible d'avoir des renseignements sur sa position et sur sa force : c'était le but qu'on se proposait.

Peut-être, pour cela, faudra-t-il une action offensive ; on pourra être obligé d'en venir aux mains avec les avant-postes ennemis ou avec la cavalerie envoyée pour tenir tête à la nôtre.

Alors il faudra agir hardiment, se lancer en avant autant qu'il le faudra, et, une fois le but atteint ou bien en présence de forces supérieures, se replier vivement en un lieu désigné d'avance comme point de ralliement de tout le régiment.

(B) *L'ennemi est signalé du côté de Dreux.*

Si, au contraire, l'ennemi est signalé à Dreux, ou en marche d'Evreux à Dreux, il est probable qu'il se dirige sur Paris par la route de Caen ou sur Orléans par Chartres.

Dans l'une ou l'autre de ces hypothèses, il sera bon que le gros du régiment de cavalerie marche sur Neauphle-le-Château par la route parcourue par le 1er escadron.

Le 1er et le 2e escadron recevront l'ordre de se porter, immédiatement, le 1er sur la route de Rambouillet par Bazoches, en détachant une patrouille sur Montfort-l'Amaury ; le second, sur la route de Caen, jusqu'à Galluis, en envoyant une patrouille à la Queue, avec mission d'explorer le chemin de fer.

Ces deux escadrons devront se maintenir en communication entre eux.

Le 3e escadron suivra la vallée de la Maudre, gagnera Montainville et de là Saulx-Marchais, en envoyant des éclaireurs à Thoury.

Les lignes de correspondance seront établies d'une façon analogue au cas précédent, en faisant tête sur Neauphle.

deux autres, qui ont fait à peu près 40 kilomètres en terrain beaucoup plus accidenté, ne peuvent rien faire de plus.

De Neauphle-le-Château, le commandant du régiment prendra ses dispositions pour les phases successives de la reconnaissance, suivant que l'ennemi est signalé arrêté à Dreux ou en marche.

Si, dans la première phase de la reconnaissance, on n'a pas réussi à avoir des renseignements sur l'ennemi, l'opération devra être poussée sur Evreux, où, d'après le thème, on donne comme probable la présence de l'ennemi ; et dans cette hypothèse les opérations de reconnaissance seront à peu près les mêmes que dans le premier cas (a).

SECOND EXEMPLE.

Thème. — Un régiment de cavalerie précède à Neauphle-le-Château un corps d'armée qui, venant de Tours par Chartres et Rambouillet, s'avance contre un corps ennemi qui, venant de Beauvais, marche sur Meulan, avec l'intention évidente d'y passer la Seine. Sa mission est de se mettre le plus tôt possible en contact avec l'ennemi pour reconnaître la direction de sa marche et en avertir le commandant de son corps d'armée ; il doit donc tenir constamment l'ennemi en haleine et en épier les mouvements (1).

Le commandant donnera le soir les ordres suivants pour le lendemain matin :

Le 1er escadron, partant à 3 heures du matin, prendra la route de Saint-Germain, par Villepreux et Saint-Nom.

Le 2e escadron quittera Neauphle-le-Château à la même heure et se dirigera par Thiverval, Crespières, les Alluets et Ecquevilly jusqu'à Meulan.

Le 3e escadron, quittant Neauphle à 3 heures du matin, se

---

(1) Dans ce second exemple, il est indispensable de faire abstraction de Paris ; il est clair, en effet, que la présence de Paris rend, non pas seulement invraisemblables, mais impossibles, les mouvements indiqués dans ce thème et l'objectif de chaque adversaire ; nous avons cherché seulement à donner sur le même terrain deux exemples d'exercices de reconnaissance.

portera par la vallée de la Maudre jusqu'à la grande route de Paris à Mantes, et enverra des patrouilles jusqu'à la Seine et à Flins.

Les trois autres escadrons du régiment, quittant Neauphle à 4 heures, seront aux Alluets à 6 heures 1/2, d'où ils continueront à marcher sur Ecquevilly et les Mureaux, où ils seront à 8 heures.

Les commandants des escadrons détachés en reconnaissance, qui auraient des communications extraordinaires à expédier avant 6 heures 1/2 au commandant du régiment, devront envoyer leurs rapports par exprès aux Alluets ; après 6 heures 1/2 les rapports seront dirigés, de deux en deux heures, aux Mureaux.

Le commandant du régiment veillera à ce que, de 6 heures à 8 heures, il y ait aux Alluets un poste de quatre cavaliers commandés par un maréchal des logis pour recevoir les ordres et les rapports et les faire parvenir ; un poste semblable devra être établi aux Mureaux, à la station du chemin de fer, depuis 7 heures jusqu'à l'arrivée du gros. Les hommes nécessaires à ces deux postes ainsi qu'à un poste de correspondance entre les Alluets et les Mureaux, placé, par exemple, à Ecquevilly, seront détachés d'un des escadrons du gros et marcheront à la queue du 2e escadron, dont le commandant veillera à les mettre en place.

Le commandant du 1er escadron, en passant à Saint-Nom, y laissera un poste de correspondance et en enverra un autre à mi-chemin de Crespières, sur la route de Mantes, pour se mettre en communication provisoire avec le commandant du régiment et lui envoyer son premier rapport. En continuant sa route, il enverra en avant à Saint-Germain une patrouille destinée à établir sa ligne de correspondance définitive avec le gros par la route de Mantes à Saint-Germain. Cette patrouille établira des postes : le premier à hauteur de Chambourcy et le second à l'embranchement du chemin d'Orgeval.

Le commandant du 3e escadron, en passant à Mareil-sur-

Maudre, y laissera un poste de correspondance qui se reliera à Crespières par la grande route. Quand il aura atteint son poste, c'est-à-dire rejoint la grande route de Paris à Mantes par Saint-Germain, il établira sa nouvelle ligne de correspondance par Flins et Ecquevilly.

On voit dès lors que, d'après les informations recueillies par les escadrons en reconnaissance, le commandant du régiment pourra prendre les dispositions les plus favorables au but qui lui a été assigné. Suivant que l'ennemi, au lieu de chercher à passer la Seine à Meulan, suivra la rive droite du fleuve pour occuper soit Poissy, soit Mantes, il se portera avec le gros soit à droite, soit à gauche, non pas tant pour s'opposer aux projets de l'ennemi que pour se tenir en contact avec lui et en informer le corps d'armée en arrière.

Ce second exemple a exclusivement pour but de donner une idée sommaire de la façon de régler le service de correspondance dans le cas où le gros et les troupes en reconnaissance se trouvent simultanément en marche.

On comprendra du reste facilement que la façon d'agir varie avec le terrain, les circonstances et le but à atteindre, et avec les différentes phases de l'opération même.

Observation. — Le terrain que nous avons choisi ne nous a pas permis, comme dans le texte italien, d'utiliser le télégraphe, par cette raison que la ligne télégraphique qui part de Saint-Germain va se rattacher par trois fils à Poissy à la ligne établie sur le chemin de fer. Il va sans dire, cependant, que si un ou plusieurs escadrons en reconnaissance suivaient une route possédant une ligne télégraphique, — ou devaient, en un certain point, rejoindre une ligne télégraphique capable de les relier au gros, le ou les commandants de ces escadrons devraient, à leur départ, en prévision de ce fait, emmener avec eux un employé du télégraphe. Seulement ils ne devront jamais oublier cette précaution essentielle, c'est qu'ils n'en seront pas moins tenus d'établir des postes de correspondance ordinaire pour parer au cas où la ligne viendrait à être interrompue ou l'employé à manquer.

§ 8. — Exercices sur le service de reconnaissance.

30. Le service de reconnaissance ne peut être bien fait que par une cavalerie qui l'ait pratiqué et qui soit entreprenante et faite à la fatigue.

Il faut que les officiers soient perspicaces, résolus, actifs, doués de coup d'œil et d'initiative; qu'ils aient une grande habitude du terrain, qu'ils sachent trouver des expédients dans toute circonstance critique et qu'ils connaissent parfaitement leurs hommes et le meilleur parti à tirer de chacun d'eux. Il faut que gradés et soldats soient avisés, hardis et intelligents; qu'ils sachent facilement s'orienter et qu'ils aient pleine confiance dans leurs chefs.

Et tout cela ne peut s'obtenir que par de fréquents exercices soigneusement exécutés pendant la paix.

31. Les exercices de reconnaissance se feront d'abord par escadron, puis par demi-régiment et enfin par régiment.

A l'occasion des grandes manœuvres il sera bon d'en faire aussi par brigade.

Dans les exercices par escadron ou par demi-régiment, le gros sera supposé; mais il devra y avoir la ligne de correspondance, au bout de laquelle (au point où devrait être le commandant du gros) se tiendra le directeur de l'exercice, ou d'autres à sa place (avec des instructions pour envoyer des ordres successifs), quand il se déplace pour surveiller les dispositions prises par la troupe en reconnaissance.

V

EXERCICES ET ÉVOLUTIONS

RÉGLEMENTAIRES

ET

LEUR APPLICATION AU TERRAIN

CHAPITRE PREMIER.

RÈGLES ET PRESCRIPTIONS GÉNÉRALES.

1. Le *Règlement d'exercices et d'évolutions* donne la méthode à suivre, les moyens à employer pour apprendre à la troupe à *manœuvrer*, c'est-à-dire, à proprement parler à exécuter avec régularité, promptitude et opportunité les mouvements préparatoires et les mouvements d'exécution de combat.

2. Ce règlement, comme tout ouvrage théorique, contient des règles élémentaires et générales, règles qui sont méthodiquement appliquées et apprises d'abord sur le champ de manœuvres, là où le terrain ne présente aucune sorte d'obstacle à leur application géométrique, puis sur des terrains variés, où les prescriptions réglementaires doivent être modifiées suivant les particularités de lieu.

3. Il convient encore que, depuis l'instruction de peloton jusqu'à celle des plus grandes unités de force, tout mouvement de combat, après avoir été soigneusement appris sur le champ de manœuvres, soit tour à tour appliqué sur l'espèce de terrain où pourrait en guerre s'en présenter l'exécution.

4. Pour choisir le terrain de ces exercices, il faut avoir soin de ne pas passer immédiatement du terrain plat et uni du champ de manœuvres à un terrain trop difficile. Il faut apporter à ce choix une graduation judicieuse, en tant que le voisinage des garnisons ou des cantonnements des troupes le permet.

5. Il peut fort bien se faire que, dans ce voisinage, on ne trouve pas de site favorable à l'exécution méthodique de ces exercices ; principalement pour les évolutions d'escadrons ; dans ce cas il faut se limiter à faire ce que permettent les conditions locales. Mais si l'on doit renoncer à appliquer au terrain varié les évolutions de plus d'un escadron, il sera du moins toujours facile de trouver des espaces de terrain propres à l'exécution des exercices de peloton, et peut-être même à celle des évolutions de l'escadron.

6. En appliquant au terrain ces exercices et ces évolutions, plutôt que de suivre la progression réglementaire, il est bon de former un plan tactique bien adapté à la force qui l'exécute et aussi au terrain.

7. Comme ces exercices doivent être exécutés en faisant intervenir un parti ennemi qui est seulement supposé, le plan à exécuter dans chaque école doit être limité à des mouvements et des formations avant le combat, ce qui pourra toujours donner lieu à l'exécution des différents mouvements et des différentes formations réglementaires, à l'exception de la charge.

8. Dans l'application de ces exercices au terrain, il importe que le commandant de la troupe ait soin de faire comprendre à tous, et spécialement aux gradés, les raisons des modifications aux prescriptions normales nécessitées par le terrain ; et, dans ce but, il faut ne s'écarter de ces prescriptions qu'au-

tant qu'il le faut strictement, et toujours avec une attention judicieuse.

9. Dans ces exercices, il faut que la troupe apprenne à exécuter, avec toute la régularité et la précision possibles, les diverses transformations et mouvements de la tactique élémentaire qu'elle doit ensuite employer avec ordre et promptitude
dans le combat ; ainsi faut-il exiger que la troupe apprenne à
conserver exactement la cadence fixée par les diverses allures et
les alignements, les intervalles et les distances, tant dans les
rangs et les files, comme dans les diverses formations en ordre
de bataille, en colonne ou en fourrageurs, que de pied ferme
ou en marchant. Si dans ces écoles on n'affirme pas cette exi-
gence, ou même, si l'on veut, cette pédanterie, on n'arrivera
pas à obtenir ensuite de la troupe, dans le combat, cet ordre et
cette cohésion d'autant plus indispensables que l'action individuelle tend à devenir prédominante, comme il arrive aujour-
d'hui.

10. Pour que ces exercices amènent une complète préparation
à ceux de combat, il sera bon d'adjoindre parfois à la cavalerie (en commençant par les exercices de deux ou trois escadrons) quelques partis d'artillerie, afin qu'on y commence à
apprendre la combinaison tactique des deux armes.

CHAPITRE II.

COMBINAISON AVEC LES EXERCICES DE MARCHE.

§ 1er. — Généralités.

11. Les applications au terrain des mouvements réglementaires se combinent avec les exercices de marche.

Comme ces derniers peuvent se faire aussi bien le long d'une
route qu'à travers champs, cette combinaison pourra toujours
donner lieu à l'exécution de tous les mouvements indiqués

9

dans le règlement, y compris ceux qui servent de préparation plus ou moins immédiate au combat.

§ 2. — En marche sur les routes.

12. Durant ces marches, on pourra exécuter toutes les transformations et modifications de la colonne de route : doubler et dédoubler les files, en marchant ; — faire obliquer à droite ou à gauche la colonne en marchant; — ouvrir les files, pour laisser libre le milieu de la route.

13. Les routes présentent de fréquents défilés, soit aux ponts, soit dans les hameaux. Dans ce cas, il sera opportun de faire dédoubler et doubler les files, successivement de la tête à la queue de la colonne.

14. Il faut encore habituer la troupe à débarrasser la route avec ordre et rapidité. Le mouvement sera indiqué par le commandement d'obliquer vers la droite ou la gauche et par l'abandon de la route pour les champs, faite par les commandants des diverses sections de la colonne, qu'imiteront aussitôt leurs subalternes.

15. A peine en pleins champs, la colonne de route pourra se transformer en colonne par pelotons, s'il s'agit de continuer la marche, ou se former en masse, s'il s'agit de faire halte.

16. De la colonne par pelotons on pourra passer à un déploiement par le flanc près de la route, traverser celle-ci en ordre déployé, et enfin se reformer en colonne par pelotons de l'autre côté.

17. On pourra, enfin, reprendre la route en reformant la colonne de route.

Toutes les transformations ci-dessus ont été indiquées comme exemple ; d'autres semblables pourront être imaginées par celui qui dirige l'exercice.

§ 3. — En marche hors de la route.

18. En marchant hors des routes ordinaires, on peut appliquer tout ce qui reste des évolutions et transformations régle

mentaires, en ayant égard aux principales observations qui suivent.

(*a*) Dans la marche en colonne par pelotons, chaque peloton marche en ordre déployé; aux allures rapides et sur les terrains difficiles, on pourra ordonner aux cavaliers du second rang, au lieu de suivre exactement leur chef de file, d'appuyer à gauche, en regard de l'intervalle des deux cavaliers du 1er rang, pour mieux découvrir le terrain en avant et pouvoir en apercevoir les obstacles.

Le second rang pourra rester dans cette position, par rapport au premier, même dans la marche oblique et dans les conversions.

(*b*) En terrain très-difficile et accidenté, le peloton (en ordre déployé) sera moins gêné en marchant à volonté, c'est-à-dire en se mettant en troupe un peu éparpillée, sans s'astreindre au contact ni à un alignement scrupuleux.

En passant sur un terrain moins difficile, on devra l'y remettre en ordre en le reformant en ligne.

(*c*) Si l'on rencontre un défilé de peu de longueur que l'on ne puisse traverser en pelotons déployés, ceux-ci le passent successivement à la hâte et se remettent en ordre aussitôt après, et à une distance du débouché telle que la marche des pelotons qui suivent n'en soit pas ralentie.

(*d*) Dans la marche et dans les évolutions de la ligne par colonnes et dans la marche en échelons, les différentes fractions suivront la ligne de marche et la formation qui leur conviendra le mieux, selon l'état du terrain que chacun d'eux doit parcourir, en ayant plus égard à l'ensemble de la manœuvre qu'à l'observation scrupuleuse des formes, des distances et des intervalles prescrits par le règlement.

(*e*) Les mouvements et les évolutions en ligne déployée devront être appliqués fort rarement, la ligne étant essentiellement la formation d'attaque.

Dans l'expectative, les lignes du terrain et son aspect topographique indiqueront à celui qui dirige l'exercice s'il convient mieux d'adopter l'ordre uni ou l'ordre séparé, la ligne, la colonne simple ou en masse.

CHAPITRE III.

DU TERRAIN.

§ 1er. — Généralités.

19. Le règlement d'exercices et d'évolutions (tome II) prescrit d'enseigner pratiquement au soldat à surmonter les obstacles, en les considérant comme empêchant la marche.

Mais ces obstacles et les objets locaux que présente le terrain peuvent encore être considérés comme des masses couvrantes contre la vue et surtout contre le feu de l'ennemi, que l'on soit arrêté ou que l'on marche.

L'objet du présent chapitre est précisément de considérer rapidement les obstacles du terrain sous leur double aspect d'obstacles et d'abris.

§ 2. — Obstacles naturels considérés comme obstacles à la marche.

20. On ne trouvera pas de difficultés particulières à triompher des obstacles qui se rencontrent sur le terrain, pour peu que les chevaux et les cavaliers, soit isolés, soit en pelotons, y aient été exercés, comme il est prescrit.

21. Il dépendra surtout de la façon dont les chefs de peloton aborderont l'obstacle, que la ligne déployée ou la colonne le franchissent avec ordre et avec calme.

Quelques exercices suffiront à obtenir des cavaliers que l'escadron franchisse les obstacles tranquillement, sans se rompre ni s'allonger en trop longue colonne.

22. Passer des fossés pleins d'eau ou secs, des tranchées, franchir des levées et d'autres obstacles semblables, est de beaucoup plus d'importance pour la cavalerie, que sauter des haies, des palissades, des barrières, etc. ; toutes choses que l'on peut ordinairement tourner sans grande perte de temps et que l'on péut renverser en grande partie.

23. On traverse, sans les sauter, les fossés qui ont des bords en pente douce ou même dont la berge est éboulée ou qui sont partout très-larges.

24. Les routes encaissées, les pentes formées de terre friable qui s'éboule, mais avec un fond consistant, et de même les fossés à rives inclinées, doivent être traversés rapidement en ligne déployée, autant que le permet le terrain.

Au contraire, les pentes, les routes encaissées, les digues qui ont un sol sablonneux, doivent être traversées en colonne, parce qu'elles deviendront meilleures par le passage successif des pelotons ; les haies aussi, les murs, les palissades, qui exigent une grande puissance d'élan, doivent être franchis en colonne, parce que, entamés par les premiers pelotons, ils deviennent plus faciles aux suivants.

25. Quand il ne s'agit pas d'un exercice spécial de franchissement d'obstacle, s'il s'en rencontre dans le cours d'un exercice, il appartient au jugement du commandant de voir s'il ne vaut pas mieux le tourner, parce que tout effort employé à le franchir soit par le saut, soit de toute autre manière, enlève toujours de l'haleine au cheval.

§ 3. — Obstacles du terrain considérés comme abris défensifs.

26. Les abris défensifs sont les habitations, les murs, les levées, les bois, les fossés plantés, les ondulations du terrain, etc., qui servent à dérober complétement aux atteintes de l'ennemi ou au moins à sa vue, s'il se trouvait ou se présentait dans leur direction.

27. La promptitude et l'habileté à utiliser ces abris et ces masques couvrants doivent devenir un talent familier à l'officier de cavalerie, pour éviter l'action destructive des nouvelles armes d'infanterie.

(*A*) De pied ferme, dans l'expectative, il est surtout important de former et de replier la troupe, d'en réunir ou d'en séparer les différentes fractions, selon le terrain.

Sont bons à couvrir une troupe arrêtée tous les abris qui courent dans une direction perpendiculaire ou transversale à celle d'où peut venir l'ennemi.

(*B*) En marche, sont bons à couvrir, au contraire, tous les abris qui courent vers l'ennemi, mais un peu obliquement. Pour les utiliser, il faut adopter la formation qui s'adapte le mieux à la configuration de l'obstacle couvrant et en changer si ce dernier change de forme.

Si divers obstacles couvrants se présentent durant la marche, il conviendra parfois de les utiliser tous ou en partie, en adoptant un ordre séparé.

En terrain découvert, il conviendra d'accélérer l'allure et d'amincir l'ordre.

VI

EXERCICES DE CASTRAMÉTATION

EXERCICES DE CASTRAMÉTATION.

§ 1er. — Généralités.

1. La cavalerie *campe* ou prend des *cantonnements*. Toutefois, autant que possible, il vaut toujours mieux qu'elle soit cantonnée, parce qu'alors hommes et chevaux se reposent mieux.

Il faut donc que la troupe soit habituée tant à camper qu'à se cantonner avec ordre et promptitude.

2. Les exercices de campement se font expressément cinq ou six fois par an, d'abord par escadron, puis par demi-régiment, et finalement par régiment.

Quant à ceux de cantonnement, ils se font au moment des changements de garnison ou des grandes manœuvres.

§ 2. — Règles générales pour les cantonnements.

3. Notification faite au commandant du régiment du lieu habité ou de la partie du lieu habité où sa troupe doit se cantonner, la première chose à faire est de le reconnaître pour le répartir entre les escadrons.

Cette reconnaissance est faite par le commandant lui-même s'il est sur les lieux, ou bien il en charge un officier.

4. Autant que possible, chaque escadron doit occuper une partie distincte du lieu (un arrondissement, un quartier) et, s'il est possible, en suivant l'ordre de bataille.

Le quartier du commandant et de l'état-major du régiment doit être central, et, si possible, sur les voies principales ou en quelque point facile à retrouver; et il sera bon encore qu'il soit dans le voisinage du point de rassemblement du régiment.

5. Les cantonnements répartis entre les escadrons, chaque capitaine subdivise son propre quartier entre ses pelotons, comme il le croit le plus convenable. Il fixe le point de rassemblement de l'escadron et le fait bien clairement connaître à tous ses hommes, de façon que tous puissent facilement le retrouver, même de nuit.

6. Quant au service de sûreté des cantonnements, on y pourvoit comme il est dit à la 2ᵉ *partie* de la présente *instruction*, et quant au service de police, on observe les prescriptions du *Règlement du service des troupes en campagne.*

§ 3. — Règles générales pour camper.

7. Un régiment de cavalerie campe ordinairement en colonne, ou par demi-escadrons, ou par escadrons à demi-distance.

8. Quand une troupe s'arrête pour camper, elle doit immédiatement débarrasser la route et faire halte en un point quelconque à côté.

Le commandant de chaque régiment, aussitôt qu'on lui a désigné le point où il doit camper, le reconnaît ou le fait reconnaître par un de ses officiers, pour déterminer la forme et la distribution du camp.

Cela fait, le régiment prend possession du terrain, et chaque escadron, aussitôt qu'il arrive au point qui lui est assigné, se met, sans plus tarder, à camper.

9. Que l'on campe ou non sous la tente, les hommes sont

placés à 10 mètres en arrière des chevaux (les 10 mètres sont mesurés à partir de la corde d'attache des chevaux).

10. Les chevaux des officiers sont attachés à droite de leurs pelotons respectifs, ceux de trait à gauche.

11. Les voitures sont mises à l'endroit qui permettra le plus facilement de les remettre sur la route. Réglementairement, elles se placent à 10 mètres à gauche et au milieu du côté gauche du campement de leur propre escadron.

12. Le commandant du régiment établit où il le croit le mieux ses tentes et celles des officiers et de l'état-major.

13. L'ouverture des tentes de la troupe est tournée vers les chevaux.

14. Les indications ci-dessus sont de simples règles et sont toujours soumises aux modifications voulues par les circonstances de temps et de lieu.

15. La garde du camp, de force proportionnée à celle de la troupe campée, a pour mission de maintenir l'ordre et la discipline dans le camp, d'empêcher que les soldats n'en sortent aux heures où la sortie est défendue, et que les étrangers n'y entrent sans permission; d'exercer, à l'égard des militaires punis, la surveillance prescrite par le règlement de discipline pour la garde au quartier.

Elle place, autour du camp, le nombre de sentinelles qu'il faut pour obtenir les résultats qui viennent d'être indiqués.

A moins d'ordres contraires, la garde du camp prend les armes et rend les honneurs établis par les règlements.

VII

EXERCICES DE COMBAT

CHAPITRE PREMIER.

GÉNÉRALITÉS.

§ 1er. — Préliminaires.

1. La tactique de la cavalerie vise essentiellement à tirer le meilleur parti possible des qualités offensives que valent à cette arme sa grande mobilité et son armement spécial. Ces qualités offensives se manifestent chez la cavalerie par un petit nombre d'actes simples et rapides qui la préparent au combat et aboutissent promptement à l'acte suprême de *la charge.*

2. Dans les exercices tactiques du temps de paix, l'action de la cavalerie doit être simplement limitée à la partie dispositive, c'est-à-dire à ce qu'il faut faire dans la période de temps qui précède l'attaque.

Ces actes préparatoires sont :

(*a*) Choix de la position d'expectative ;
(*b*) Adaptation des formes tactiques à la position choisie ;
(*c*) Reconnaissances du côté de l'ennemi ;
(*d*) Reconnaissances du côté des troupes amies opérant à droite et à gauche, afin de se former une idée exacte de l'ensemble de l'action. De telle sorte que, s'il se présente un de ces moments fugitifs pendant lesquels la situation des choses in-

dique clairement la nécessité de l'attaque de la cavalerie, elle puisse atteindre efficacement l'adversaire, ou pour sauver des troupes amies, ou pour compléter un premier succès obtenu par elles, ce qui exige :

(e) Choix de la direction d'attaque ;

(f) Répartition des forces en raison de l'objectif à atteindre, des conditions particulières du terrain à parcourir, et des conditions connues ou supposées dans lesquelles se trouve l'adversaire ;

(g) Choix des formations tactiques à prendre successivement par les fractions de troupe qui marchent à l'attaque.

3. Toutes ces diverses opérations peuvent servir de thèmes à des exercices tactiques, en temps de paix ; mais l'acte suprême du combat, — la charge, — devra être ordinairement seulement *indiqué*, et ne sera *exécuté* que rarement ; parce que cette manœuvre fatigue inutilement les chevaux et pourrait même, à la longue, leur faire contracter l'habitude, qu'ils porteraient jusque sur le champ de bataille, de faire volteface, arrivés à une certaine distance de l'adversaire.

4. Puis, pendant les exercices de découverte, l'occupation d'un pont, d'un défilé, etc., exécutée par quelques cavaliers armés d'armes à feu et ayant mis pied à terre, peut fournir matière à des opérations propres à développer les quelques qualités défensives que possède aussi la cavalerie.

5. D'après ce qui vient d'être dit, et même en les limitant à la seule phase dispositive, ressortent clairement et toute l'importance de ces exercices, et la sollicitude et les soins scrupuleux qui doivent présider à leur exécution ; et, de plus, on y trouve comme la démonstration matérielle et pratique de tous les principes élémentaires précédemment appris.

6. Pendant que, dans les autres exercices, les troupes apprennent à connaître les formes et les manières d'être tactiques, d'abord dans leur régularité pour ainsi dire géométrique, puis en les appliquant convenablement au terrain, ici il leur faut tenir compte d'un troisième élément plus important que les

autres, et pour ainsi dire essentiel, c'est-à-dire de l'*adversaire*.

7. Il faut donc que dans les exercices de combat figurent toujours les deux partis opposés, composés d'anciens soldats et de recrues mélangés, car on doit éviter qu'il n'y ait que des novices d'un côté. Il faut, en outre, que chaque exercice, en procédant du petit au grand, soit conçu dans une idée définie et ait un but possible, de telle sorte que tous les mouvements, tous les actes et toutes les opérations se succèdent rationnellement, autant que possible, comme dans la guerre réelle, sauf les quelques restrictions qu'imposent le respect de la propriété et l'obligation de prévenir tous les accidents fâcheux. En résumé, il faut donc faire en sorte que ces exercices s'approchent le plus possible de la réalité.

8. Les exercices de combat doivent commencer par ceux de peloton et progressivement par unités de plus en plus grandes.

Ceux dont il sera ici particulièrement question iront jusqu'aux exercices de régiment contre régiment et n'auront que des objectifs de tactique simple.

9. Les exercices auxquels concourent les divisions constituées prennent le nom de grandes manœuvres et sont basés sur un projet stratégique, dont le développement donne lieu à une série d'opérations logistiques et tactiques, c'est-à-dire à une série de marches et de combats. Les grandes manœuvres représentent une période ou une partie d'une période de campagne, et, embrassant toutes les branches du service de guerre, elles sont un exercice général pour tous les grades, emplois et services militaires; elles complètent d'une manière définitive toute l'instruction militaire.

10. Les exercices de combat, depuis ceux de peloton jusqu'à ceux de régiment inclus, se partagent en 3 degrés :

1er degré : *Exercices de peloton*;
2e degré : *Exercices d'escadron*;
3e degré : *Exercices de demi-régiment et de régiment*.

Les exercices de premier et de second degré sont ceux sur lesquels il faut principalement insister, parce qu'ils sont la véritable école de combat pour le cavalier et même pour les officiers subalternes.

Si les commandants d'escadron appliquent les soins nécessaires à ces exercices élémentaires, on pourra dire que l'instruction de leur troupe est achevée, rien que par les exercices du 1er et du 2e degré, parce que, quand le cavalier saura bien combattre dans le peloton, qui est l'élément de l'ordre dispersé, et dans l'escadron, qui est celui de l'ordre à rangs serrés, il saura aussi le faire dans les unités composées de plus gros effectifs, où sa position sera la même, puisqu'il fera toujours partie d'un peloton ou d'un escadron.

Arrivé aux exercices de demi-régiment, il sera bon quelquefois d'adjoindre à la cavalerie quelque détachement d'artillerie (jamais moins d'une section), pour initier à la combinaison des deux armes dans le combat.

Enfin les exercices du troisième degré ont pour but essentiel d'apprendre aux officiers supérieurs à diriger l'action de la troupe sous leurs ordres, soit seule, soit combinée avec l'action d'autres troupes et des différentes armes, suivant les vrais principes de la tactique, et les exigences des circonstances et du moment.

11. Indépendamment de la méthode à suivre pour les exercices de combat, il y a des règles générales qu'il faut observer pour ne pas manquer le but à atteindre et qui se rapportent :

(a) Au choix du terrain ;
(b) A la force des deux partis en présence ;
(c) A la préparation des thèmes ;
(d) A la direction ;
(e) A l'arbitrage entre les adversaires.

§ 2. — Choix du terrain.

12. Il serait à désirer que les exercices de combat pussent être faits sur toutes les espèces de terrain où en guerre la troupe peut être appelée à opérer dans des conditions analogues. Mais il est difficile de trouver dans le voisinage de la plupart des garnisons une grande variété de terrains où de tels exercices puissent s'exécuter librement, sans porter aucune atteinte à la propriété. Il faut donc se contenter des emplacements disponibles et savoir en tirer parti avec intelligence.

13. Ce qui importe surtout, c'est de changer souvent de terrain, attendu que plus sera variée la succession des lieux, plus se présenteront d'obstacles du sol auxquels les troupes s'habitueront, et plus aussi se formeront le sens pratique, le jugement, le coup d'œil des soldats et des officiers, but essentiel de ces exercices.

14. Pour les exercices du premier degré, — ceux du peloton, — il n'est pas difficile de trouver dans les environs mêmes de la garnison une série de terrains suffisamment appropriés ; à la rigueur, les routes mêmes suffiraient.

Pour ceux du second degré, c'est-à-dire d'escadron, les difficultés s'accroissent ; mais la troupe peut bien s'éloigner, pour ces exercices, de 10 à 15 kilomètres de sa garnison, afin de trouver des terrains convenables, et ces déplacements serviront, en outre, d'exercices de marche.

15. Quand on aura le libre choix du terrain, il conviendra de fixer d'abord l'espèce d'exercice à exécuter, puis de désigner un lieu convenable, observant autant que possible de faire d'abord ces exercices en terrain facile, puis sur des terrains plus difficiles ; mais si le terrain est imposé par la nécessité des lieux ou par ordres supérieurs, il faudra bien y adapter l'action.

16. Quoi qu'il arrive, il faut se borner à considérer la nature du terrain et les accidents qu'il présente dans leurs rap-

ports avec ce que l'on doit exécuter, en faisant abstraction du reste.

Ces exercices deviendraient tout à fait impossibles s'il fallait tenir compte de l'influence que pourraient avoir sur la marche de l'action les accidents de terrain, qui ne sont pas dans le voisinage immédiat, et qui exigeraient l'emploi de forces très-supérieures pour qu'on pût raisonnablement les faire entrer dans le cadre des opérations.

§ 3. — Force des deux partis opposés

17. La force des deux partis opposés devra être proportionnée à la nature de l'exercice et de l'opération que chacun d'eux est appelé à exécuter. Il faut s'abstenir complètement de confier à une troupe un rôle qui soit évidemment hors de proportion avec son effectif et renoncer à le lui faire remplir quand même; ce serait une absurdité en contradiction absolue avec le but de cette instruction, qui est de donner des idées justes et de les affermir par la pratique, en se rapprochant autant que possible de la réalité.

18. Évidemment il arrivera rarement qu'il soit nécessaire d'égaliser les forces des deux partis; au contraire il sera bon qu'elles soient le plus souvent différentes, comme il arrive à la guerre, dans l'immense majorité des cas. Par là encore, la troupe apprendra à connaître et à apprécier les effets de la supériorité numérique.

19. Toujours, autant que possible, on donnera à chacun des partis la force nécessaire pour l'opération projetée, c'est-à-dire que l'exercice se fera avec un *ennemi représenté réellement.*

Toutefois on pourra faire ces exercices avec l'*ennemi indiqué* seulement, soit pour quelque manœuvre particulière et partielle ne devant pas tourner en combat décisif, — comme, par exemple, prise d'une position en face des avant-postes ennemis, reconnaissance offensive d'une position, transformation

de l'ordre de marche en ordre de combat, et autres cas sem
blables, soit aussi par pénurie de monde, afin que de faibles
partis puissent exécuter des manœuvres de combat d'un ordre
supérieur, au lieu d'en venir à diviser la force disponible en
deux portions à peu près égales, mais insuffisantes.

20. Cette distinction entre l'ennemi *représenté* ou *indiqué*
devra être clairement définie dans le thème de la manœuvre.

§ 4. — Des thèmes.

21. L'exercice de combat suppose un thème proposé, qui en
indique le but et le plan directeur.

22. Le thème se compose de trois parties : la *supposition*,
la *proposition* et les *prescriptions*.

La *donnée* (*supposition*) indique la manière d'être précise,
la *situation de guerre* des deux partis, qui leur est pour ainsi
dire commune à tous les deux. Cette partie du thème fournit
les conditions de lieu, de temps et de force, qui sont nécessaires pour définir clairement l'opération à exécuter.

Le *but* proposé (la *proposition*) fait connaître l'opération à
faire et le résultat que l'on veut atteindre.

Les *prescriptions* fixent le lieu et le mode général de l'opération, la position primitive de chacun des partis, le but de la
manœuvre et, s'il y a lieu, les circonstances particulières qui
doivent exercer une influence déterminante ou limitée sur l'un
ou sur l'autre adversaire, ou bien sur tous les deux.

23. L'exposé de chaque thème doit être concis, et en même
temps clair et explicite. S'il est nuisible de descendre dans
trop de détails, parce que c'est enlever l'initiative au commandant de la troupe, entraver l'exécution des mouvements et
se mettre en opposition avec le but essentiel de ces exercices,
par contre, le manque de données et de prescriptions peut dé-
router et faire avorter complétement la manœuvre.

24. En général, les thèmes sont donnés par écrit, excepté

ceux des exercices du peloton, qui sont donnés verbalement
au moment de les exécuter.

25. Les thèmes pour les exercices de combat sont donnés :

Ceux d'escadron, par le commandant du demi-régiment,
sauf approbation du colonel, s'il se trouve dans la même garnison ;

Ceux de demi-régiment, par le colonel ;

Ceux de régiment, par le commandant de la brigade, sauf
approbation du général commandant la division, si le régiment
est au chef-lieu de la division.

26. Les thèmes pour les manœuvres combinées sont donnés
par le général commandant la division.

27. Suivant la nature de l'opération, le thème est remis au
chef de chacun des partis opposés, soit quelques heures avant
l'exercice, soit au moment même du départ des troupes pour
la manœuvre. En général, surtout au début, il est préférable
que le thème soit remis assez à temps pour qu'il puisse être
étudié et médité.

28. Parfois, au contraire, il est bon de donner le thème sur
le lieu même d'exécution, ou encore de le modifier à l'improviste dans le cours de l'action, pour habituer le chef à concevoir, réfléchir et décider promptement, comme cela a lieu le
plus souvent en campagne, et pour habituer la troupe aux incidents imprévus de la guerre.

Dans ces modifications subites du thème, le directeur de
l'exercice introduira aussi parfois quelque changement dans la
proportion numérique des forces opposées, en faisant, par
exemple, arriver de nouvelles troupes pour renforcer un des
adversaires.

Il conviendra, en pareil cas, de veiller à ce que cela n'ait pas
lieu au moyen de l'apparition subite de nouveaux détachements sur le théâtre de l'action ; mais ils devront y arriver en
partant de points assez éloignés, pour que leur intervention
puisse être annoncée d'une façon normale au parti qui doit en
profiter, et aussi puisse être signalée et vérifiée par les par-

trouilles de l'adversaire, s'il fait faire convenablement, même pendant le combat, le service de sûreté et d'exploration.

29. Dans les exercices du peloton, la donnée du thème doit être exposée et bien expliquée à tous ceux qui y prennent part comme acteurs ou qui y assistent comme spectateurs.

Dans les exercices des degrés supérieurs, cette communication devra être faite ou par la voie de l'ordre, ou verbalement à tous les officiers; et autant que possible les capitaines expliqueront de temps en temps à leur escadron, dans un langage clair et précis, la raison des mouvements à exécuter. Chacun ainsi pourra se rendre compte des différentes situations qui se présentent; l'attention de la troupe en sera plus éveillée, et l'intérêt de tous à la bonne exécution de l'opération en sera plus vif.

30. Celui qui donne un thème doit connaître le terrain sur lequel il sera exécuté, afin d'avoir la certitude que l'opération projetée peut s'effectuer convenablement et servir d'exercice profitable.

Habituellement les cartes topographiques ne suffisent pas à fournir cette connaissance du terrain, parce que les opérations d'exercices du temps de paix rencontrent, par la disposition des lieux, de bien plus grandes difficultés que celles qui se présentent à ces mêmes mouvements dans la guerre réelle.

Dans ces exercices, il faut respecter rigoureusement la propriété privée, et il en résulte sinon l'impossibilité, au moins beaucoup de difficulté et d'incertitude pour déterminer sur la carte les emplacements convenables disponibles pour le développement des opérations, alors qu'il est déjà très-difficile que ces lieux y soient représentés.

31. Dans les exercices de manœuvre libre, afin que les adversaires ne se trouvent pas engagés sur un terrain où ils ne pourraient pas agir, il importe de fixer convenablement les heures de départ de chacun d'eux et de régler leur marche de telle sorte que la rencontre ait lieu dans un site convenable.

32. En outre, dans la formule des thèmes il faut fixer aux

adversaires des points de départ et des positions pour le début
de l'action assez éloignées entre elles pour que chacun des
partis ait bien tout l'espace nécessaire aux dispositions et aux
manœuvres préliminaires, qui forment peut-être la partie la
plus utile de ces exercices et surtout de ceux du degré supérieur.

Par le fait, les marches, le service de sûreté et d'exploration,
le choix et l'occupation d'une position, et en général toutes les
opérations qui précèdent le combat, peuvent s'exécuter dans la
guerre simulée, comme cela aura lieu dans la guerre réelle ;
tandis que dans les combats simulés on ne pourra jamais obtenir qu'une image bien incomplète de la réalité, puisque dans
ces rencontres les effets matériels des armes et les effets
moraux non moins importants font tout à fait défaut.

33. Parfois la nature même du thème peut exiger que le chef
de l'un des partis opposés connaisse d'avance le terrain ; alors
il en fera la reconnaissance quelques jours avant, sans qu'il
soit nécessaire pour cela de lui communiquer le thème.

Cependant le plus souvent il vaut mieux que le terrain soit
inconnu pour tous, ainsi que cela se présente le plus souvent
à la guerre. Alors, non-seulement l'opération suit ainsi un
cours plus naturel, mais le service de reconnaissance et d'in-
formation se fait avec plus de soin, et les chefs apprennent à se
former ce coup d'œil juste et rapide, ce jugement prompt et
sûr, qui sont des qualités si essentielles à la guerre, surtout
pour l'officier de cavalerie.

34. Une règle de laquelle il ne faut en aucun cas s'écarter,
c'est de ne jamais faire dans les thèmes pour les exercices de
combat des suppositions contre la réalité, quant au terrain, aux
forces opposées, ou à toute autre circonstance ; et il est surtout
essentiel de ne pas simuler de combat contre un ennemi
imaginaire.

L'exécution du thème doit aboutir à donner à la troupe une
instruction précise, et pour cela il faut qu'il soit adapté au
terrain et en rapport avec les forces disponibles.

C'est une absurdité de faire abstraction des obstacles réels du terrain ou d'en imaginer là où il n'y en a pas, comme aussi de vouloir faire exécuter par une compagnie une opération qui exige un bataillon; or les absurdités non-seulement faussent les idées, mais enlèvent tout caractère sérieux à quoi que ce soit.

§ 5. — Direction des exercices.

35. En général l'exercice est dirigé par celui qui a donné le thème, et c'est aussi à ce chef qu'il appartient de désigner les commandants de chacun des partis, de déterminer qui doit intervenir comme acteur et qui doit rester spectateur, et de nommer, s'il y a lieu, les juges du camp.

36. La manœuvre commencée, le chef suprême doit laisser pour l'exécution la plus entière latitude aux commandants des deux partis, et il n'intervient exceptionnellement que pour modifier la position des adversaires par des changements improvisés dans quelques-unes des prescriptions du thème, ou pour redresser la situation, quand par une raison quelconque elle est par trop en désaccord avec l'idée première du thème.

37. Quand il se produit dans le cours de l'opération quelque erreur pouvant la dénaturer complétement, le directeur doit momentanément interrompre le mouvement par le signal convenu, afin de corriger la faute commise et de rétablir l'ordre, s'il a été troublé.

38. Dans les exercices du premier et du deuxième degré, il est nécessaire que le chef suprême fasse donner fréquemment le signal d'interrompre, afin d'habituer les troupes à suspendre l'action sur-le-champ, en quelque circonstance que ce soit. Si les troupes ne s'habituent pas à obéir instantanément à ce signal, il deviendra difficile et presque impossible d'interrompre les mouvements, pour corriger les erreurs et rétablir l'ordre; et sans la possibilité de le faire, ces exercices manquent leur but.

39. Il appartient d'ailleurs au chef suprême de faire exécu-

ter les sonneries pour faire reposer les troupes et faire continuer l'exercice.

40. Pendant la manœuvre, le commandant en chef doit se tenir dans une position choisie de telle sorte qu'il puisse en suivre minutieusement la marche et les différentes phases, soit afin de pouvoir, l'exercice fini, en faire la critique détaillée, soit pour former son jugement sur l'habileté du chef et sur le degré d'instruction des troupes.

41. Après la manœuvre, celui qui l'a dirigée appelle près de lui les officiers, ou pendant le repos qui précède le départ pour rentrer, ou bien le jour suivant, et il leur fait une critique raisonnée de tous les mouvements des deux partis.

42 (1). Comme règle pour le chef suprême afin de le mettre à même de formuler, le cas échéant, une critique convenable, on va indiquer quelques-unes des situations principales dans lesquelles les chefs des unités tactiques doivent éviter de se mettre en face de l'ennemi.

Sera considéré comme répréhensible :

Celui qui, dans un terrain couvert, ne pousse pas en avant et sur ses flancs des reconnaissances, pour savoir ce qui se passe devant lui et autour de lui ;

Celui qui, dans un terrain couvert, déploie une ligne, sans s'assurer s'il n'est pas déjà occupé par d'autres fractions de troupes amies ;

Celui qui déploie une ligne derrière une autre ;

Celui qui, placé à une aile, ne garde pas celui de ses flancs qui est découvert et n'arrête pas d'avance les moyens de s'opposer à une attaque possible de ce côté ;

Celui qui, venant à être séparé des troupes voisines par une ondulation de terrain, ou tout autre obstacle empêchant de les apercevoir, ne se met pas en mesure de rester relié avec elle, au moins par des patrouilles, et ne prend pas des dispositions

---

(1) Parmi ces règles, il y en a de générales s'appliquant à toutes les armes, et de spéciales à chacune d'elles.

propres à empêcher l'ennemi d'interrompre ses communications avec les troupes voisines, en se servant pour cela de l'obstacle en question;

Celui qui, se préoccupant outre mesure et exclusivement de sa propre troupe ou de sa position particulière sur le lieu du combat, perd de vue l'ensemble de l'action, le but fixé par le chef suprême, et n'emploie pas tous ses moyens à l'atteindre;

Celui qui, se laissant entraîner par les accidents du terrain qu'il occupe ou qui l'avoisinent, comme rangées d'arbres, routes, canaux, cours d'eau, clôtures, ravins, etc., subit complétement leur influence, et qui, en leur adaptant la disposition et les mouvements de sa troupe, bouleverse la ligne de bataille, perd la direction générale et contribue à la faire perdre aux troupes contiguës;

Celui qui, sans motif particulier, maintient sa troupe les rangs serrés et découverte dans la zone de la portée efficace des coups directs à son adresse;

Celui qui expose aux atteintes de l'ennemi une troupe couverte en avant par une autre, et qui ainsi n'a pas la possibilité d'agir;

Celui qui, sans raison, tient ses troupes en colonne exposées au feu de l'ennemi et particulièrement aux coups de son artillerie;

Celui qui, sans nécessité, tient ses troupes derrière sa propre artillerie ou trop près d'elle, de telle sorte qu'elles sont exposées au feu dirigé contre ses pièces;

Celui qui consomme ses munitions, en tirant hors de portée ou sans voir l'ennemi placé devant lui;

Celui qui accélère son feu sans nécessité, par exemple contre un ennemi éloigné, peu nombreux ou peu entreprenant ou placé dans une position abritée, surtout contre un ennemi qu'il n'importe pas de repousser, mais qu'il suffit de tenir à distance;

Celui qui, dès le commencement de l'action, reste dépourvu de réserve;

Celui qui exécute une attaque non préparée par le feu, à moins que l'adversaire n'ait pris des dispositions assez mauvaises pour justifier une semblable tentative ;

Celui qui se laisse surprendre par une attaque de cavalerie, pendant qu'il marche ou manœuvre ;

Celui qui tient sa cavalerie inactive sous le feu efficace de l'ennemi ;

Celui qui entreprend de charger sans s'assurer d'abord que le terrain se prête à l'exécution d'une charge à fond ;

Celui qui charge de front une infanterie en bon ordre et pouvant faire usage de son feu, ou une batterie en position, particulièrement sur une route, sans la faire en même temps charger de flanc ;

Celui qui, n'ayant pas obtenu de résultat à la suite de deux charges successives, en entreprend une troisième, avec les mêmes troupes et dans les mêmes conditions ;

Celui qui met en batterie dans une position battue efficacement par le feu de l'ennemi, sans que l'importance du résultat qu'il a en vue justifie le choix de cet emplacement ;

Celui qui met ses pièces en batterie sans but, ou sans avoir un champ de tir libre au moins jusqu'à une portée judicieuse ;

Celui qui éloigne inutilement son artillerie, de telle sorte qu'elle ne soit plus à portée d'être défendue par les autres troupes, sans lui donner une escorte suffisante ;

Celui qui, par une prudence exagérée, retire son artillerie d'une bonne position, avant qu'elle soit en danger sérieux, comme aussi celui qui, par excès de témérité, s'obstine à maintenir ses pièces dans une position où elles courent évidemment le risque d'être enlevées, et cela sans compensation suffisante ;

Celui qui porte ses pièces dans une position privée de débouchés permettant de l'évacuer à temps, ou celui qui les dirige sur une position non reconnue et qui par le fait se trouve inaccessible à l'artillerie ;

Celui qui, en occupant une position, ne pense pas à se donner la possibilité d'y manœuvrer aisément, en étudiant et préparant au besoin ses débouchés.

Il est entendu que les préceptes généraux exposés dans les six derniers alinéas relatifs à l'emploi tactique de l'artillerie ne s'imposent pas d'une manière absolue, puisqu'il peut se présenter beaucoup de cas dans lesquels s'en départir, n'est pas une erreur mais un devoir.

Le grand principe dans l'emploi de l'artillerie comme de toute autre troupe, c'est de ne pas l'exposer à des pertes inutiles; mais quand, pour arriver au but ou encore pour éviter de plus grandes pertes, on croit devoir risquer l'artillerie, il ne faut pas hésiter à le faire, même en violant toutes les maximes précitées. *Dans de certains cas, la crainte et le préjugé de perdre des pièces deviennent une faute impardonnable.*

43. Dans les exercices du premier degré et aussi dans ceux d'escadron, les règles données dans les numéros précédents doivent être appliquées d'une manière absolue et rigoureuse. Il n'intervient pas de juges du camp; le chef suprême lui-même décide; et comme il peut voir toutes choses en détail, il peut aussi, sans risquer de produire de la confusion ou du retard, corriger parfois toutes les erreurs qui se produisent, en faisant répéter chaque mouvement jusqu'à exécution parfaite.

44. Le commandant de chaque parti arrête ses dispositions pour résoudre la question posée dans le sens indiqué et conformément aux prescriptions générales et particulières données par le thème lui-même; il répartit sa troupe et donne les ordres et instructions qu'il juge nécessaires.

Ces ordres et ces instructions ne doivent pas entrer dans des détails superflus, afin de ne point limiter ou annihiler cette part d'initiative qui revient aux chefs des détachements, en raison du commandement dont ils sont investis. Le gros des opérations à exécuter y est indiqué, ainsi que le but à atteindre et les moyens à employer. Les chefs de fractions de troupe, quand ils sont bien pénétrés de l'idée générale, pourront mieux comprendre les ordres reçus ou à recevoir dans le cours de l'opé-

ration, et de la sorte concourir au but général, en se servant
de leur intelligence, de leur activité, de leur initiative, en exer-
çant ces qualités, et sans se trouver astreints à un rôle pure-
ment mécanique et passif, qui énerve l'esprit et l'épuise.

45. Le commandant de chacun des partis doit se procurer
dans le cours de l'opération tous les renseignements possibles
sur la position de son adversaire, en se servant pour cela des
moyens dont on peut disposer en guerre : patrouilles, reconnaissances, informations prises près des habitants, des passants.

46. Les exercices de combat ne seront vraiment profitables
que quand ils seront bien conduits, c'est-à-dire quand tous ceux
qui ont un commandement sauront :

Se bien pénétrer de leur rôle et de leur emploi;

Apprécier avec calme et un sens droit les difficultés qui se
présentent;

Choisir en temps utile parmi les différents partis à prendre
le plus convenable, et l'appliquer avec résolution et vigueur,
surtout savoir saisir le moment opportun pour agir; acquérir,
en un mot, le sens pratique de la situation;

Ne jamais faire un commandement ni donner d'ordre au
hasard et sans un motif qui le rende nécessaire; et quand il
faut en donner, le faire en termes brefs et clairs;

Bien adapter les ordres, les mouvements et les opérations
tactiques aux circonstances de lieu et de temps;

Ne s'écarter des mouvements réglementaires que lorsque le
terrain ou des motifs impérieux l'exigent, et y revenir dès
qu'on le peut;

Maintenir constamment dans les mouvements l'ordre le plus
parfait, comme on l'exige des troupes sur le terrain de manœuvres, et le rétablir promptement quand les difficultés du terrain
et les crises du combat ont pu le troubler;

Faire exécuter les mouvements sans précipitation;

Éviter le brouhaha produit et par les criailleries des gradés,
sous prétexte de rectification à chaque pas et à chaque mouvement, par des sonneries incessantes et confuses se faisant en

tendre de tous côtés et par le va-et-vient des plantons à cheval, des officiers d'ordonnance et d'état-major portant des ordres et des contre – ordres. Tout cela non-seulement enlève à ces exercices ce caractère de calme sévère, indice de l'ordre et de la discipline, mais engendre une agitation générale, qui contribue grandement à empêcher ces manœuvres de bien marcher. S'il se commet des fautes de détail, que l'on se contente de les relever après l'exercice ;

S'il est fait de grosses erreurs, qu'il soit indispensable de corriger de suite, on peut le faire sans ce tapage et cette confusion qui, le plus souvent, sont d'un pire effet que les fautes mêmes ;

Il faut s'abstenir des entreprises au-dessus de ses forces ; des défenses à outrance jusqu'à l'impossible ; des attaques quand même non préparées ou par le feu, ou par les disposition précédentes, des mouvements tournants et aventurés ou inutiles. A la guerre, à force de bravoure et d'élan, des actes téméraires et absurdes même deviennent parfois excusables ; mais dans ces exercices ils seraient tout à fait impardonnables. Ici l'unique émulation admissible est celle des opérations conçues avec intelligence et exécutées avec précision et à propos ;

Enfin, il faut se bien persuader que plus encore que de faire des fautes permises à tous, quitte à les corriger, et c'est précisément le but de ces exercices, ce serait un travers inexcusable que de s'obstiner à ne pas vouloir comprendre sa propre situation et à continuer, par amour-propre exagéré, l'exécution d'un mouvement en dehors des limites des probabilités, pour tomber ainsi dans l'absurde.

Par l'observance rigoureuse et persévérante de ce principe, les troupes apprendront pratiquement à combattre avec ordre et mobilité, et les officiers à les manier avec aisance et habileté.

6. — Décisions à intervenir dans le combat.

(Juges du camp.)

47. Il manque aux combats simulés ce qui vide la question dans les combats réels, c'est-à-dire l'effet des armes. Ici la bravoure et l'élan n'ont pas d'influence, mais bien seulement l'habileté des manœuvres, l'habileté tactique.

Il faut donc que, dans ces combats, les chefs opposés décident par eux-mêmes de l'issue des différentes manœuvres, en appréciant judicieusement leurs conséquences et la situation.

48. Il se présente néanmoins beaucoup de cas douteux pour lesquels, afin d'éviter les contestations et les pertes de temps, sont désignés des arbitres ou *juges du camp*, qui, sur le lieu et au moment même de l'action, décident tout ce qui est douteux ou contesté.

49. Les juges du camp doivent limiter leurs décisions à chacun des mouvements particuliers qui, de temps à autre, nécessitent leur intervention.

Leurs jugements sont sans appel, et on doit leur obéir immédiatement comme à un ordre émanant du chef suprême qui dirige l'exercice.

50. Les juges du camp peuvent être de n'importe quel grade.

Les troupes les reconnaissent au moyen d'un brassard blanc au bras gauche.

51. Les juges du camp, durant l'exercice, suivent les mouvements de l'un des deux partis, et dans le cours du combat ils se portent sur les points où l'action prend le plus d'importance.

Ils assistent comme simples spectateurs, s'abstenant complétement de donner des conseils ou des renseignements, et ils n'interviennent que quand cela est indispensable pour décider :

(a) Si une fraction de troupe doit se retirer du combat, afin de se réorganiser;

(b) Si une fraction de troupe doit être réputée hors de combat, comme enlevée, dispersée ou détruite par l'adversaire ;

(c) L'issue d'une attaque quand les deux partis, s'attribuant le succès, on ne sait lequel des adversaires doit se retirer.

Dans le premier cas, le juge fixe au commandant de la troupe la position sur laquelle il doit la ramener et la rallier, et le temps qu'il doit attendre avant de la remettre en action.

Dans le second cas, la fraction de troupe déclarée hors de combat se retire sur l'emplacement que lui fixe le juge du camp et y reste jusqu'à la fin du combat.

Dans le troisième cas, si le juge du camp décide que l'attaque a réussi, la troupe sur la défensive doit abandonner la position et se retirer à 300 mètres au moins en arrière. Si, au contraire, le juge du camp décide que l'attaque est repoussée, la troupe qui l'a exécutée doit se retirer aussi à 300 mètres au moins.

Alors que l'un des adversaires se retire dans ces conditions, l'autre ne peut reprendre l'offensive que lorsque son ennemi s'est éloigné à cette distance de 300 mètres.

52. La troupe qui a consommé toutes ses munitions doit être considérée par le juge du camp comme la troupe qui, dans la guerre réelle, est dans l'impossibilité de continuer son feu faute de cartouches.

Les juges du camp doivent déclarer hors de combat les fractions de troupe qui auront fait feu sur l'adversaire à moins de 100 mètres ou qui auront poussé une attaque plus près que cette distance.

53. Pour établir son jugement, le juge du camp tient compte autant que possible des forces qui se trouvent en présence, de la valeur défensive du terrain, de la manière de manœuvrer des deux adversaires, et de celle dont chacun d'eux a préparé l'attaque.

Dans tous les cas, il ne doit pas se préoccuper de la marche générale du combat et des conséquences de son jugement, et jamais il ne doit justifier ses arrêts près de ceux qu'ils concernent.

54. Ce qui importe le plus, c'est que les décisions soient promptes, immédiates et précises, surtout quand il s'agit de cavalerie ; un arrêt, fût-il contraire aux règles de la tactique, est préférable à la moindre indécision, qui laisserait la troupe dans l'incertitude sur ce qu'elle doit faire, et occasionnerait désordre et perte de temps. Au contraire il sera bon que de temps à autre il soit prononcé, avec intention, de pareils jugements, de préférence cependant par une personne ayant sur les commandants de chacun des partis l'autorité incontestée du grade. De semblables décisions représenteraient ces éventualités imprévues et qu'on ne peut prévoir, qui, à la guerre, en dépit des calculs les mieux compassés, font avorter parfois les opérations les mieux conçues ; et elles auraient pour résultat d'exercer et de développer chez les commandants la faculté d'improviser de nouvelles dispositions pendant l'action.

55. Quand par hasard deux juges du camp se trouvent au même endroit et qu'il y a à prononcer un jugement, c'est au plus élevé en grade, et à grade égal au plus ancien, qu'il appartient de le faire.

56. Le chef suprême remplit pareillement les fonctions de juge du camp.

57. Dans la rencontre de petits détachements, et seulement en l'absence de juges du camp, s'il y a contestation entre les deux partis pour savoir à qui donner l'avantage et qui doit céder le terrain, le plus élevé en grade, et à grade égal le plus ancien des officiers présents, qu'il appartienne à l'un des partis ou qu'il soit simple spectateur, remplit momentanément les fonctions de juge du camp ; pour cela, après avoir pris connaissance des conditions dans lesquelles sont chacun des partis, il désigne celui qui doit se retirer.

CHAPITRE II.

RÈGLES D'INSTRUCTION.

§ 1er. — Exercices de cavalerie seule.

59. Comme on l'a déjà fait remarquer, le combat de cavalerie contre cavalerie ne peut être représenté que difficilement, et beaucoup plus imparfaitement, dans tous les cas, que celui d'infanterie contre infanterie ou autres armes; cependant les exercices élémentaires de combat sont nécessaires aussi pour la cavalerie, afin d'enseigner à la troupe à appliquer les opérations et les manœuvres prescrites par les règlements d'une manière pratique, c'est-à-dire avec l'ennemi en face, et pour apprendre aux officiers à saisir les occasions d'agir suivant les circonstances et les mouvements de l'adversaire.

Pour cela, excepté en des cas très-rares, il n'est pas nécessaire de faire charger dans ces exercices.

Il suffit de se borner aux différents mouvements préparatoires à la charge, qui ont toujours une grande influence sur son issue.

(A) *Exercices de peloton.*

60. Les exercices de peloton sont dirigés par les commandants d'escadron. Deux pelotons opèrent l'un contre l'autre, pendant que les deux autres restent spectateurs, pour alterner ensuite avec les premiers.

Chaque officier commande son peloton respectif.

Il faudra aussi exercer quelquefois les sous-officiers au commandement du peloton.

61. Il faut éviter dans ces exercices les combinaisons et les mouvements compliqués, ce que l'on obtiendra en ne donnant que des thèmes simples. On laissera aux commandants des pelotons, pour la solution de la question, toute leur initiative,

et la liberté d'employer les moyens qu'ils croiront préférables, dans les limites, bien entendu, fixées par le thème lui-même. Le directeur de l'exercice ne doit intervenir que pour faire remarquer et rectifier les erreurs commises.

62. Dans les premiers exercices, les manœuvres seront *obligées,* c'est-à-dire que ce sera l'officier dirigeant qui devra lui-même coordonner les mouvements des deux adversaires pour amener les situations qu'il croira favorables à une bonne progression de l'instruction, et il les fera durer et répéter comme il le jugera le plus utile. Successivement on passera à la manœuvre *demi-libre,* puis *libre.*

63. Mais quelle que soit la manœuvre, pour qu'on puisse tirer de la mise en présence des deux adversaires toute l'utilité qu'elle comporte, il faut que l'action soit divisée en divers *moments,* selon ses différentes phases, de telle sorte que ceux qui composent chacun des partis aient de temps à autre la facilité de se rendre compte de la position respective des adversaires, et que le chef suprême puisse au besoin faire des observations et des corrections, qui seront ainsi beaucoup plus profitables que s'il les faisait dans le cours de l'action, ce qui d'ailleurs interromprait sa marche et jetterait de la confusion dans l'esprit des soldats.

Le chef suprême détermine cette division en moments, en faisant de temps à autre suspendre, puis reprendre, l'exercice au moyen de sonneries convenues.

Par là on obtiendra non-seulement la facilité de régler la manœuvre, mais encore on habituera les troupes, pendant ces premiers exercices, à une prompte obéissance aux sonneries, qui seront ensuite fréquemment utilisées dans les exercices de degré supérieur, comme il a été dit précédemment.

64. Comme il importe, dans les thèmes de manœuvres libres, que les deux groupes qui vont se trouver en présence ne connaissent pas d'avance leurs forces respectives, il faudra que le chef suprême trouve moyen de les faire mettre en position sans qu'ils aient pu s'apercevoir et se mesurer. On pourra, par

exemple, partager toute la troupe qui doit sortir, en deux groupes composés à la fois d'acteurs et de spectateurs, qui se rendront par des routes différentes sur les positions du début de l'exercice; là, les commandants des deux partis, qui auront eu connaissance du thème, chacun en ce qui le regarde, quant à la force de leur troupe, ne garderont avec eux que l'effectif qui leur est assigné, et tous les autres se réuniront dans un emplacement désigné d'avance par le chef suprême et d'où ils pourront assister au développement de l'action.

Dans le même but il suffira parfois que le chef suprême, une fois les deux groupes partis pour leur position respective, renforce l'un des partis avec des hommes pris parmi les spectateurs.

65. Avant de commencer l'exercice, chaque commandant de groupe expose à ses hommes ce qu'il y a à faire; il les répartit, place des avant-postes ou lance des patrouilles, suivant le cas, leur donnant d'une manière claire et précise les instructions et indications qu'il juge opportunes.

66. Le chef suprême aura déterminé si l'action doit commencer à un signal convenu (soit une sonnerie), ou aussitôt que le parti représentant l'agresseur, ou bien celui qui doit faire le plus de chemin pour atteindre son poste, est prêt à entrer en lice.

67. L'action commencée, les deux adversaires doivent se figurer être en guerre et se régler pour tout en conséquence.

68. Comme thèmes pour les exercices de peloton, on peut prendre les sujets suivants ou d'autres semblables :

(*a*) Peloton en grand'garde attaqué par une grosse patrouille;

(*b*) Rencontre de front ou de flanc de deux grosses patrouilles;

(*c*) Une grosse patrouille en rencontre une autre en halte protégée.

69. Dans les exercices de peloton, les officiers doivent sans cesse suivre de l'œil ceux de leurs cavaliers qui agissent isolément comme vedettes, pointe d'avant-garde ou de reconnais-

sance, afin de s'assurer qu'ils s'acquittent bien de leur rôle, selon ce qui leur a été précédemment enseigné dans les exercices sur le service de sûreté des troupes en campagne et dans les exercices de reconnaissance.

70. De son côté, le directeur de l'exercice observera attentivement comment chaque chef de détachement dispose et conduit son peloton, s'il lui fait prendre des formations réglementaires et bien appropriées aux circonstances; s'il conduit sa troupe avec calme et ordre, et s'il sait ménager judicieusement les forces des hommes et des chevaux; si, avant de se porter en avant avec le gros de sa troupe, il fait constater que le terrain est praticable; s'il se tient toujours en garde contre des attaques de flanc du parti ennemi; s'il sait saisir les instants favorables pour manœuvrer ou attaquer, etc. Pendant l'exercice, s'il est nécessaire, ou après, il fait les critiques convenables.

71. Dans ces exercices, il faut habituer les soldats à ne jamais perdre de vue leur chef de peloton, à être sans cesse attentifs à ses commandements, et surtout à celui du ralliement, à rester toujours dans l'ordre et le calme, et à ne pas fatiguer inutilement leurs chevaux.

72. Comme complément de ces exercices de peloton, on en exécutera aussi quelques-uns d'après des règles analogues à celles qui précèdent, en opposant un peloton à un demi-escadron, t deux demi-escadrons l'un à l'autre. Et l'on aura dès lors l'occasion de montrer comment une troupe ne doit jamais, autant que possible, s'engager tout entière à la fois, mais garder eune de ses fractions en réserve.

(B) *Exercices d'escadron.*

73. Les exercices d'escadron sont dirigés par l'officier supérieur auquel est confié le commandement du demi-régiment comprenant les deux escadrons opposés.

Chaque escadron est commandé par son propre capitaine et parfois par un des lieutenants, afin que ces officiers soient aussi exercés au commandement de l'escadron.

74. Les sujets de thèmes suivants peuvent servir pour ces exercices :

(*a*) Escadron en avant-postes (deux grand'gardes de peloton-réserve d'un demi-escadron), attaqué par un escadron ;

(*b*) Rencontre de deux escadrons en avant-garde, en reconnaissance ou envoyés au loin à la découverte, l'un d'eux étant en halte protégée, ou tous les deux en mouvement ;

(*c*) Escadron en colonne flanquante attaqué par un escadron ;

(*d*) Escadron envoyé en reconnaissance ou en course à un village, trouvant au retour sa ligne de retraite coupée par un escadron ennemi.

75. Pendant ces opérations, le directeur de l'exercice donnera une attention spéciale aux recommandations faites au n° 70 ; et il veillera, en outre, à ce que chaque chef de détachement répartisse convenablement sa troupe en première ligne et en réserve ; fasse agir sa réserve à propos, tire parti du terrain et en surmonte les difficultés, se déploie à temps, c'est-à-dire ni trop tôt, afin de ne pas se démasquer prématurément, ni trop tard, pour n'être pas attaqué en flagrant délit de manœuvre ; attaque autant que possible une aile en flanc ; s'avance et se retire à temps ; en un mot, il veillera à ce que l'on manœuvre avec habileté et hardiesse.

76. Au moment du choc général, il faudra que le directeur de l'exercice soit prompt à décider qui doit se replier, et que le détachement ou le parti repoussé se porte de suite, au trot au moins, à 300 mètres en arrière, pour se reformer.

Il sera bon de donner fréquemment à cet instant le signal d'interrompre, pour donner à chacun le temps de se reconnaître. Cela permettra au directeur de décider si le parti qui a eu le dessous peut encore reprendre l'offensive, ou s'il doit se retirer. Si cette recommandation n'est pas observée, il y aura toujours du désordre.

77. Après quelques exercices d'escadron contre escadron, il faudra en exécuter quelques autres, en opposant un seul esca-

dron à deux ou même à trois escadrons, pour démontrer les effets de la supériorité de forces, et aussi pour faire comprendre qu'il peut se présenter telles circonstances, et cela assez fréquemment, où, à la faveur du terrain ou d'habiles manœuvres, un faible parti de cavalerie peut résister à une cavalerie plus nombreuse et même la mettre en déroute. Le directeur de l'exercice préparera et mènera adroitement à bonne fin ces deux démonstrations, soit au moyen du thème lui-même, soit par des modifications qu'il lui fera subir dans le cours de l'action.

(C) *Exercices de demi-régiment ou de régiment.*

78. Tout ce qui vient d'être dit pour les exercices d'escadron est applicable à ceux de demi-régiment, c'est-à-dire tant que les deux partis réunis ne présentent que cinq à six escadrons.

Au delà de cette force, on entre dans le domaine de la tactique et l'on sort des limites de cette *Instruction,* qui, ainsi qu'il a été dit au début, loin de viser à être un traité d'art militaire, a pour but exclusif de tracer la voie pour l'*instruction* tactique de la troupe.

§ 2.— Exercices de combat de cavalerie contre infanterie.

79. Tant pour l'instruction de la cavalerie que pour celle de l'infanterie, il est avantageux de mettre en présence des troupes de ces deux armes, en commençant par de petites fractions, et d'exécuter les exercices du 1er et du 2e degré avec des détachements de cavalerie contre des partis d'infanterie.

De la sorte, chacune de ces armes aura les moyens élémentaires et méthodiques d'apprendre comment se comporter en face de l'autre arme, occasion que ne lui présenteraient pas d'une manière aussi favorable les exercices de degré supérieur et les grandes manœuvres.

Ces exercices sont prescrits par le commandant de la garnison, qui désigne, en outre, le chef qui doit donner les thèmes et diriger l'exercice en ayant soin de le choisir tantôt parmi les officiers d'infanterie, tantôt parmi ceux de cavalerie.

§ 3. — Exercices combinés avec troupes de différentes armes.

80. En guerre, on peut combiner la cavalerie, à partir du peloton, avec les autres armes.

En effet, on peut donner un peloton de cavalerie à un bataillon en avant-postes, soit pour qu'il ait des moyens plus rapides de transmission des avis, soit pour former quelque poste d'avis ou patrouille susceptible d'être lancée à grande distance, là où il ne serait pas possible d'envoyer de l'infanterie. On peut encore donner un peloton de cavalerie à un bataillon d'avant-garde, et aussi à un bataillon ou à une troupe d'infanterie plus considérable chargée d'une mission spéciale, et cela toujours avec beaucoup d'utilité, soit pour étendre davantage la zone explorée, soit pour la transmission plus rapide des avis, soit aussi pour l'aide efficace que la cavalerie, même par petite fraction, peut prêter à l'infanterie dans le combat, pourvu qu'elle soit bien conduite et employée à propos.

En conséquence, il sera bon que, même dans les exercices de paix, ces combinaisons de la cavalerie avec de l'infanterie, commencées par un peloton joint au bataillon, soient graduellement continuées par la réunion de détachements de plus en plus forts de chacune de ces armes.

81. Dans ces combinaisons, la cavalerie sera naturellement dépendante du chef de l'infanterie, arme qui figure dans l'exercice avec le plus gros effectif ; c'est, du reste, aussi ce qui se présentera habituellement dans le combat réel ; mais le commandant de la cavalerie, quel que soit son grade, conservera toujours son initiative et sa liberté d'action, quant aux manœuvres à exécuter par sa troupe et au choix du moment de charger.

Aussi est-il indispensable qu'il suive sans cesse la marche

du combat, pour discerner, et en quelque sorte pressentir le moment favorable pour une efficace intervention de sa troupe. Cette prescription s'applique aussi bien au chef du plus petit détachement qu'au commandant du plus gros parti de cavalerie combiné à d'autres armes.

Il appartient à l'infanterie et à l'artillerie d'engager et d'entretenir le combat. Pour la cavalerie, elle doit agir seulement par instants et être pour l'ennemi une continuelle menace prompte à se transformer, à l'occasion, en une réalité écrasante. Aussi faut-il qu'elle soit sans cesse en mesure de saisir ce moment propice et par le choix de bons emplacements et par la vigilance de son chef.

82. Une infanterie ébranlée et mise en désordre par le feu de l'artillerie ou de la mousqueterie, ou dont l'attaque a été vigoureusement repoussée ; une batterie d'artillerie mal escortée qui ôte ou remet ses avant-trains, ou qui s'est engagée dans un lieu attaquable de flanc ou à revers sans qu'elle puisse tirer dans ces directions ; une troupe quelconque d'infanterie ou d'artillerie à bout de munitions ; une ligne de tirailleurs ou de fourrageurs sans soutien ; une troupe de cavalerie pouvant être chargée en flanc ou à revers présentent autant d'occasions à l'action efficace de la cavalerie.

Mais l'essentiel pour le succès de ces coups de main, c'est qu'ils soient imprévus. Pour cela il est nécessaire que la cavalerie, quand elle ne combat pas, se tienne, autant que possible, dérobée et à la vue et aux coups de l'ennemi ; pendant que son chef se poste de manière, comme on l'a déjà dit, à ne rien perdre de la marche du combat, afin d'être toujours en mesure de saisir le moment favorable pour faire agir sa troupe.

83. Il est de la plus grande importance pour un commandant de cavalerie de se renseigner sur tout ce qui se passe dans sa sphère d'action pendant le combat ; sans cela, il ne trouvera jamais l'occasion d'agir, ou le fera toujours mal à propos.

Naturellement, il ne doit pas se porter çà et là, ni trop s'éloigner de sa troupe ; mais il doit se tenir à un poste d'où il puisse voir assez au loin ce qui se passe autour de lui (par exemple, si sa troupe est couverte par une hauteur, il se placera au sommet; si elle est derrière une maison, il se mettra devant cette maison ou à une de ses fenêtres). Si la vue ne peut embrasser tout le terrain voulu (et c'est le cas le plus fréquent), il envoie quelques-uns de ses officiers ou de ses sous-officiers, voir et prendre des renseignements, ou en place sur des points favorables à la découverte; en un mot, il se garantit, par tous les moyens possibles, la certitude que, si le moment favorable pour faire agir sa troupe vient à se présenter, il ne puisse lui échapper.

84. D'autre part, il est essentiel que la cavalerie apprenne, dans les exercices de paix, à s'accoupler à l'artillerie, soit comme élément dépendant, c'est-à-dire pour lui servir d'escorte, soit comme élément principal, quand, chargée de quelque opération spéciale, elle est soutenue par de l'artillerie.

TABLE

I

ÉCOLE D'ORIENTATION.

CHAPITRE PREMIER.

CHAPITRE II.

EXERCICES D'ORIENTATION.

II

INSTRUCTION
sur le service de sûreté des troupes en campagne.

CHAPITRE PREMIER.

RECONNAISSANCE DE TROUPES QUI SE RENCONTRENT.

CHAPITRE II.

PATROUILLES.

CHAPITRE III.

MESURES DE SURETÉ DANS LA MARCHE DES COLONNES.

CHAPITRE IV.

DES AVANT - GARDES.

(A) *Généralités.*

(B) *Service des différentes fractions des avant-postes.*

(C) *Placement des avant-postes.*

CHAPITRE V.

III

EXERCICES DE MARCHE.

IV

EXERCICES DE RECONNAISSANCE AVANCÉE.

V

EXERCICES ET ÉVOLUTIONS RÉGLEMENTAIRES
et leur application au terrain.

CHAPITRE PREMIER.

CHAPITRE II.

COMBINAISON AVEC LES EXERCICES DE MARCHE.

CHAPITRE III.

DU TERRAIN.

VI

EXERCICES DE CASTRAMÉTATION.

VII

EXERCICES DE COMBAT

CHAPITRE PREMIER.

GÉNÉRALITÉS.

CHAPITRE II.

RÈGLES D'INSTRUCTION.

FIN DE LA TABLE.

PARIS. — IMPRIMERIE J. DUMAINE, RUE CHRISTINE, 2.

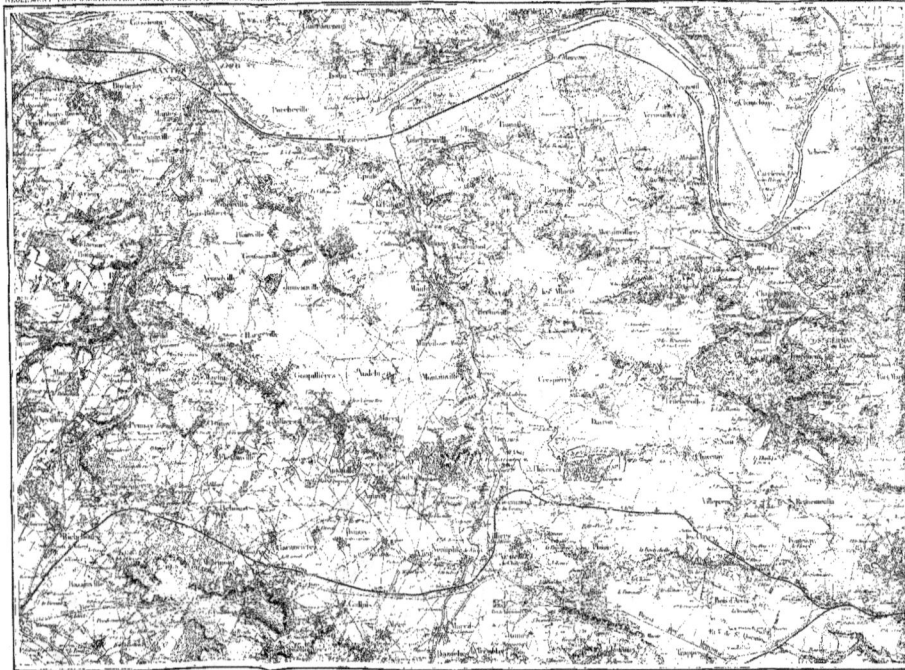

Échelles Métriques (Brèmes)

www.ingramcontent.com/pod-product-compliance
Lightning Source LLC
Chambersburg PA
CBHW072236270326
41930CB00010B/2156